中国—马来西亚
产业信息分析研究论文集

主　编　苏瑞竹
副主编　陈永清　欧阳剑　黄世喆　陈　勇　黄夏基　郑　慧

中国水利水电出版社
www.waterpub.com.cn
·北京·

内 容 提 要

本书系广西民族大学与中国—马来西亚钦州产业园区合作项目的研究成果，是广西民族大学管理学院研究生研究文集，全书共 10 篇研究报告，涉及中国与马来西亚产业经济合作的各个方面。围绕中国与马来西亚产业经济合作这一核心目标，从实际问题出发，重点研究了中马产业经济合作信息服务、专利数据分析、园区企业知识管理、园区企业档案管理等问题，并对现实存在的问题提出了具体的解决办法和措施。本书对中外合作产业园的信息服务有一定的借鉴意义，适合从事相关工作信息服务和研究的人员阅读，也可以作为图书情报与档案管理专业的参考书。

图书在版编目（CIP）数据

中国——马来西亚产业信息分析研究论文集 / 苏瑞竹主编. -- 北京 : 中国水利水电出版社, 2021.6
ISBN 978-7-5170-9695-5

Ⅰ. ①中… Ⅱ. ①苏… Ⅲ. ①经济合作－国际合作－研究－中国、马来西亚 Ⅳ. ①F125.4

中国版本图书馆CIP数据核字(2021)第128571号

书 名	**中国—马来西亚产业信息分析研究论文集** ZHONGGUO—MALAIXIYA CHANYE XINXI FENXI YANJIU LUNWENJI
作 者	主编 苏瑞竹 副主编 陈永清 欧阳剑 黄世喆 陈 勇 黄夏基 郑 慧
出版发行	中国水利水电出版社 （北京市海淀区玉渊潭南路 1 号 D 座 100038） 网址：www. waterpub. com. cn E-mail：sales@waterpub. com. cn 电话：(010) 68367658（营销中心）
经 售	北京科水图书销售中心（零售） 电话：(010) 88383994、63202643、68545874 全国各地新华书店和相关出版物销售网点
排 版	中国水利水电出版社微机排版中心
印 刷	清淞永业（天津）印刷有限公司
规 格	184mm×260mm 16 开本 9.5 印张 225 千字
版 次	2021 年 6 月第 1 版 2021 年 6 月第 1 次印刷
印 数	001—500 册
定 价	**68.00** 元

前言

实施研究生联合培养基地示范项目是提高研究生培养质量的重要举措，也是开展“双一流”建设的重要内容和关键环节之一，通过研究生创新、创业教育示范建设项目的实施，实现“产学研”的结合，有利于提高在校研究生的实践动手能力和创新创业能力，促进学校创新型人才培养模式的不断优化。2016年经学院申报、学校推荐、教育厅审批，广西民族大学与中马钦州产业园区合作的经济与管理专业人才联合培养示范基地获得立项，学校的图书情报与档案管理一级学科成为参与联合培养的学科领域。

为了落实广西民族大学将与中国—马来西亚钦州产业园区共同建设研究生创新创业联合培养基地的培养方案，学校制定了具体的联合培养方案：一是派研究生的指导教师和研究生到钦州产业园区进行实地考察、调研；二是派研究生到产业园区进行代班实习，在实际工作中研究专业问题，用专业理论指导实践；三是请园区相关领导做报告，介绍园区的管理制度及执行情况，展示园区在管理上的创新点；四是划拨经费设立与中马钦州产业园区相关的科学研究项目，导师及研究生均有立项，其中研究生项目的主题是“中国—马来西亚产业经济合作信息分析与预测”，导师项目的主题是“中马钦州产业园区竞争环境分析”。

信息分析与预测是以市场需求为导向的现代信息分析研究的一部分，其内容从单纯科技信息研究扩展到对社会各个领域问题进行分析与预测，为社会各个层次的用户提供不同需求的信息分析产品，实现信息的深度挖掘、深度加工和综合创新，有预测、有方案地为决策和生产服务，信息分析与预测的研究必须借助于先进的方法和手段。随着现代信息技术的发展和科学研究方法论的普及，计算机技术、网络技术、多媒体技术、搜索技术、信息抽取技术、量化分析方法已经进入信息分析研究工作领域，使得信息分析与预测研究工作正由定性研究向定性与定量研究相结合，甚至向纯定量研究方向转变。信息分析预测环节属于信息的高级组织，是一项综合性很强的智力活动，它直接或间接调用人脑的思维功能，并由此达到对研究对象由感性认识上升到理性认识，再由理性认识上升到新的层次。信息分析预测环节的目标和任务不仅揭示了研究对象本身所固有的、本质的规律，而且能利用所揭示的本质的规律为用户服务。

在“一带一路”倡议下，中国—东盟产业经济合作空间和潜力巨大，中国—马来西亚钦州产业园区和马来西亚—中国关丹产业园区是中马两国政府共同开创的“两国双园”国际产能合作新模式，成为服务“一带一路”建设的标志性项目。中国—马来西亚产业信息分析研究对于中—马钦州产业园成为中马两国投资合作旗舰项目和中国—东盟合作示范区意义重大。

如今世界处于产能合作融合的新时代，信息分析给图书情报与档案管理学科带来了巨大的影响，信息技术发展的日新月异，如何运用信息组织和信息分析思想与技术助力当下的图书情报与档案管理的研究与实践，推动产业经济的发展，值得每一位“图情档”人深入思考。本书以“中国—马来西亚产业合作信息分析与预测研究报告”为主题，是参与项目的师生面对国际产业经济发展所做的一次努力和尝试。研究的成果充分表明“图情档”学科不仅擅长对信息的搜集、组织和分析，而且有能力对产业经济的发展表达自己的思考和作为。

因此，以信息分析与预测作为主题开展中马钦州产业园区的研究能够使研究生们更好地将理论知识应用于实践中。

本书就是“中国—马来西亚产业经济合作信息分析与预测”项目的研究成果。笔者负责项目总策划，并指导和带领研究生到中马钦州产业园进行调研和实习。子项目在各研究生导师的指导下，由研究生独立完成。其中，《基于CNKI数据的我国产业园区管理模式研究现状可视化分析》（闫静雅，导师：苏瑞竹）全面梳理现阶段我国产业园区管理模式，总结产业园区管理存在的问题，分析问题的成因，指出解决的途径，为中马钦州产业园区的管理模式提供选择及改进措施；《中国—马来西亚经贸合作研究的知识图谱可视化分析》（岑炅莲，导师：欧阳剑）从时间分布、研究资金分布、研究机构分布、作者发文及合作网络展示中马经贸合作的研究现状，并根据高频关键词，分析中马经贸合作的研究热点变迁；《高等院校图书馆与产业园区协同构建产学研信息服务平台研究——以广西高等院校图书馆与中马产业园区为例》（韦良珍，导师：秦小燕），对广西地区高校与中马钦州产业园合作情况进行调查分析，提出广西地区高校图书馆协同园区构建产学研信息平台面临的问题，并从主动寻求解决问题途径，打造服务品牌、设立图书馆产学研合作服务中心、多方联合建设信息资源体系以及构建产学研信息服务平台4个方面，探索高校、园区、企业构建产学研信息服务平台的建议；《面向中国—马来西亚产业经济合作的信息服务研究》（肖龙翔，导师：苏瑞竹）对中马产业经济合作的信息需求及信息服务的现状进行了调研，指出了存在的问题，提出的解决方案为构建面向中国马来西亚产业园区的统一的信息共享服务平台，为园区实现更好的效益发展提供了必要的信息支撑；《面向中国—马来西亚企业经济合作的隐性知识挖掘系统构建研究》（高文翰，导师：陈永清）则将中马产业经济合作中的隐性知识作为挖掘案例，通过案例这一中介，构建了企业隐性知识挖掘系统模型；《面向中国—马来西亚企业经济合作的专利数据挖掘与分析研究》（钱思晨、李雪纯、周添良，导师：欧阳剑）对中国和马来西亚两国专利申请现状进行深入分析，提出中马两国在企业经济贸易合作方面的专利竞争合作的措施和策略，并以此构建出面向中国—马来西亚企业经济合作的专利数据挖掘与分析系统；《面向用户的中国—马来西亚合作企业的档案信息资源开发研究》（李木兰，导师：郑慧）通过对中国—马来西亚钦州产业园区和入园企业的档案信息用户类型和心理、档案信息资源建设的研究，探讨档案信息用户的类型和心理对档案信息资源建设和开发的影响，指出档案信息资源开发存在的问题和分析成因，并根据钦州产业园园区的具体实际从宏观和微观方面提出档案信息资源的开发策略；《基于大数据分析的中马产业园发展研究》（吴晓威，导师：黄世喆）提出大数据环境下中马产业发展应利用 PPP 合作模式重视政府大数据开发、加深与高校的合作、设立引进与激励机制提高管理人才水平、建立信息资源整合平台、与大数据分析公司建立合作平台等五条建议；《智慧城市背景下我国智慧档案馆建设研究》（廖琼、崔葳，导师：黄世喆、陈勇）以智慧城市为背景，从建设意义、建设要素和建设功能等方面探讨智慧档案馆建设的理论基础，并从制度建设、技术建设、平台建设、人才建设和保障建设等方面探究智慧档案馆的建设路径；《中国—马来西亚产业园区企业档案信息安全风险研究》（陆尘香，导师：黄世喆）指出了中马产业园区档案信息存在的安全风险，提出对目前存在的档案信息安全风险进行有效的风险控制，将中马钦州产业园园区企业档案信息面临的安全风险降到最低的建议。

在项目立项前，就决定将研究成果结集出版，目的是对研究生研究成果进行总结和展示。虽然研究成果尚显稚嫩，但是这也是对我院尝试研究生与行业合作，开展“产学研”联合培养成果的检验，在一定程度上提高了广西民族大学管理学院研究生的实践动手能力和创新能力，提升了我院研究生培养质量。这本论文集凝聚了我院优秀学子努力创新和开拓进取的精神。他们敢于开拓新视野、勇于攀登新高峰、努力为“图情档”的发展创造一番新事业，这是我们图书情报与档案管理学科的未来和希望。希望本书的出版能对产业园区的信息研究有一些参考价值。

广西民族大学管理学院　苏瑞竹

2020 年 9 月于广西南宁相思湖畔

目　录

01　文献分析

基于CNKI数据的我国产业园区管理模式研究现状可视化分析

闫静雅

（广西民族大学管理学院，广西　南宁　530006）

摘　要： 梳理和分析国内产业园区管理模式研究的相关文献有助于掌握其研究动态和发展趋势，为相关研究提供参考和借鉴。本文以CNKI为数据源，运用文献计量和知识图谱研究方法，利用CiteSpace软件工具，从作者、机构、关键词等维度对国内产业园区管理模式相关文献进行可视化分析。研究表明，我国产业园区管理模式研究的热点为：在宏观角度侧重于政府管理手段的研究、不同性质产业园区管理的研究、管理模式对于政策及体制适应的研究；在微观角度侧重于财务管理、档案管理、应急管理的研究。

关键词： 产业园区；管理模式；CiteSpace；可视化分析

1　引言

产业园区是一种由政府为实现产业发展目标而创立的有地理界限的特殊环境，是区域开发的政策工具[1]，对于推动工业化、城镇化快速发展和对外开放具有重要的平台作用，可以聚集优势产业和增长新动力、引领经济结构优化调整和发展方式转变，在经济发展中扮演着重要角色。因此，产业园区研究一直为学界所关注和重视，而产业园区的管理模式能够决定产业园区如何配置、组织和管理生产资源和生产要素，有效促进园区社会协调和经济发展，是产业园区研究中的重点。

目前学者大多从实践视角出发，基于案例分析归纳总结相关理论[2-5]，缺乏对理论研究的梳理和总结，对于国内产业园区管理模式研究尚无定性和定量相结合的综合性分析，因此，本文采用文献计量和知识图谱方法，基于文献数量、作者、机构、研究主题的定量和定性分析，梳理和总结国内产业园区管理模式相关研究成果，分析国内产业园区管理模式研究的现状和发展趋势，以期为相关研究提供方法和思路上的参考。

2 数据来源与研究方法

2.1 数据来源

本文以中国知网数据库（CNKI）为数据来源，以期刊论文为检索对象，考虑到国内产业园区名称和类型多样，如产业园区、工业园区、高新技术开发区等，参考产业园区类型的相关研究[6]，在多次试验性检索的基础上，选取产业园区、产业园、工业园区、工业园、工业区、园区、高新区、新区、开发区、经济区等为检索词，同时考虑到管理模式的多重内涵，选取管理模式、管理体制、管理机制、管理体系等检索词作为管理模式的同义词或近义词，以“TI=（'产业园区'＋'产业园'＋'工业园区'＋'工业园'＋'工业区'＋'园区'＋'高新区'＋'新区'＋'开发区'＋'经济区'）OR KY =（'产业园区'＋'产业园'＋'工业园区'＋'工业园'＋'工业区'＋'园区'＋'高新区'＋'新区'＋'开发区'＋'经济区'）”为检索式进行第一轮检索，以“TI=（'管理模式'＋'管理体制'＋'管理机制'＋'管理体系'）OR KY=（'管理模式'＋'管理体制'＋'管理机制'＋'管理体系'）”为检索式，在第一轮检索结果的基础上进行第二轮检索，检索操作时间为2018年12月17日，对文献发表时间不做限定，两轮检索获得文献816篇，剔除无作者以及与主题无关的文献，共获得文献795篇，从中国知网以Refworks格式导出数据795条，每条数据均包含每篇文献的作者、题名、机构、期刊名称、关键词、年份等记录信息。

2.2 研究方法

本文以文献计量为研究方法，以CiteSpace为可视化分析工具。文献计量方法是利用数理统计进行文献定量化分析，以评估和预测学者的学术地位以及相关研究的发展趋势[7]。CiteSpace是一款基于Java编程语言的数据处理应用程序，由Drexel大学的陈超美博士开发，主要用于计量和分析科学文献数据，通过挖掘文献间潜在的关联知识，分析学科热点及发展趋势，绘制出研究领域主题演化知识图谱，直观地展示科学知识领域的信息全景[8]。利用CiteSpace分析工具，对包含作者、机构、关键词、发表时间等特征信息的文献数据进行分析，可以发现国内产业园区管理模式研究的主题领域以及演化历程，从整体上把握研究的发展趋势和变化规律。

3 数据分析与结果

3.1 时间分布

某领域的研究文献数量随时间分布趋势在一定程度上可以反映出该领域的发展趋势。通过对国内产业园区管理模式研究文献数量的统计分析，绘制出如图1所示的文献数量时间分布图。我国产业园区管理模式研究开始于1983年，这是因为我国第一个产业园区——蛇口工业区成立于1979年[9]，而第一篇文献即是对该园区的管理模式的研究。1983—1993年相关研究呈现出零星分布状态，说明该阶段国内对于产业园区管理模式研究处于探索阶段。自 1993 年开始，发文数量逐渐呈波动上升趋势，说明产业园区管理模式这一研究领域开始引起国内学者的关注。从 2000 年开始，相关研究逐年稳步增多，一方面因为国内市场经济体制的建立推动了各地产业园区的发展，另一方面在实践过程中相关问题给理论研究带来了丰富的课题，这一阶段可以概括为理论与实践相融合的阶段。此后 2009—2015 年是年均发文量较多的一段时间，这是我国产业园区管理模式研究发展的重要时间节点，说明相关研究逐渐成熟，并且在 2014 年达到最高峰。而此后发文量逐渐递减，说明该领域的研究遇到一定的困难，在理论研究方面处于瓶颈期或沉淀期。

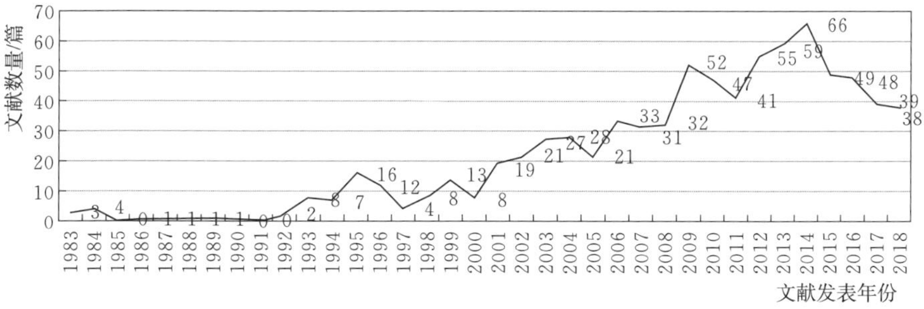

图 1　国内产业园区管理模型研究文献数量时间分布图

3.2　作者分析

根据某一研究领域作者发文数量多少可以发现该研究领域的高产作者和有影响力的作者，有助于了解该研究领域发展过程中的关键理论研究节点。通过对国内产业园区管理模式研究文献作者的统计，绘制出表 1 所示的发表论文 2 篇以上的作者统计表。可以发现，发文量比较高的作者有郑世杰、陈敏、代帆、刘君德、卢向虎、吕爱国等人，这些作者大多自 20 世纪 90 年代就开始涉足产业园区管理模式这一研究领域，但他们发文量仍然只是个位数，其他作者发文量均为 1～2 篇。由此可见在产业园区管理模式这一研究领域，缺乏高产作者和有影响力的作者，对于产业园区管理模式研究难以形成理论上的重大突破，且作者较为分散，不够集中，缺乏研究中的合作，未能形成重要的研究团队。

表 1　　　　产业园区管理模式研究发文量不少于 2 篇的作者统计表

序号	发文量	年份	作者	序号	发文量	年份	作者
1	4	1995	郑世杰	8	3	2011	周宇
2	4	1999	陈敏	9	3	2006	王瑾
3	3	2001	代帆	10	3	2013	赵晓东
4	3	1993	刘君德	11	3	2009	钟真宜
5	3	2015	卢向虎	12	3	2003	黄志敏
6	3	2013	吕爱国	13	2	2013	丁友良
7	3	2002	吕薇	14	2	2002	万华

续表

序号	发文量	年份	作者	序号	发文量	年份	作者
15	2	2010	付丹	50	2	2005	王丽娅
16	2	2012	何春倩	51	2	2013	王伟伟
17	2	2013	冯笑山	52	2	2014	王卉青
18	2	2004	刘志亭	53	2	2005	王宇红
19	2	2007	刘清志	54	2	2009	王建军
20	2	2015	刘艳	55	2	2007	王斐
21	2	2005	刘莹	56	2	2018	王凤华
22	2	1996	史先社	57	2	1995	罗特
23	2	2000	叶继红	58	2	2001	翁恺宁
24	2	2002	吕元琮	59	2	2002	胡汉丕
25	2	2018	周洁	60	2	2010	薛立强
26	2	1993	夏友富	61	2	2009	贺曲夫
27	2	2011	孙敏	62	2	2007	赵巍
28	2	2009	孙涛	63	2	2011	赵永泉
29	2	1999	寇作鹏	64	2	2007	赵玲玲
30	2	2005	康江峰	65	2	2015	赵辉
31	2	2011	张佳发	66	2	2014	车娟
32	2	2002	张凤清	67	2	2006	邓春玉
33	2	1997	张宇	68	2	2014	郑军
34	2	2009	张庆杰	69	2	2017	郑宗鹏
35	2	2012	张薇平	70	2	2014	郑晓燕
36	2	2010	张述存	71	2	2018	郭玉兴
37	2	1995	张锐	72	2	2016	钱振明
38	2	2008	惠冰	73	2	2011	闫二旺
39	2	2012	文茂伟	74	2	2003	阎文圣
40	2	2005	方伟	75	2	2018	阚景阳
41	2	2010	杨书文	76	2	1996	陆康强
42	2	2001	杨春妮	77	2	2003	陈兵
43	2	2012	杨钊	78	2	2010	陈德豪
44	2	2012	林晖	79	2	2014	陈海燕
45	2	2017	樊祥胜	80	2	2005	韩伯棠
46	2	2010	毕克新	81	2	2009	高翔
47	2	2014	熊珍	82	2	2004	黄丽萍
48	2	2013	牛牧青	83	2	1993	黄学琪
49	2	2014	牛玉兵	84	2	2012	黄树杰

3.3 机构分析

通过对某领域发文量较高的机构进行统计分析，可知对该领域较为关心的高校类别、社会机构甚至是其他交叉学科，有助于了解研究成果的实践情况或该领域的外延与发展。对文献机构字段数据进行统计，可以获得相关机构在产业园区管理模式研究领域发文量排列顺序（表2）。由表2可以发现，南开大学周恩来政府管理学院、西北大学公共管理学院、西安曲江新区管理委员会、西北大学城市与环境学院、北京理工大学管理与经济学院、宜春学院政法学院、天津滨海综合发展研究院、燕山大学经济管理学院、中共江苏省委党校、大连高新技术产业园区管委会等17个机构，是该领域的核心研究机构。首先，研究机构多数为高等学校，且经济管理、政法及环境类学院较多，由此可见经济、政治、环境科学相关学者对于产业园区管理模式比较感兴趣。其次，机构中亦包含党校、政府部门、企事业单位，说明党、政府和企业对于产业园区的发展也十分重视。但是，机构之间同样关系松散，合作较少。

表2　　产业园区管理模式研究发文量较高的研究机构统计表

发文量	年份	机　构	发文量	年份	机　构
6	2008	南开大学周恩来政府管理学院	2	2013	河南科技大学第一附属医院
5	2011	西北大学公共管理学院	2	2010	四川大学经济学院
4	2011	西安曲江新区管理委员会	2	2015	重庆社会科学院
4	2011	西北大学城市与环境学院	2	2016	江苏环保产业技术研究院股份有限公司
3	2008	华中科技大学经济学院	2	2010	宁波职业技术学院
3	2005	北京理工大学管理与经济学院	2	2010	同济大学经济与管理学院
3	2011	宜春学院政法学院	2	2005	宝鸡文理学院经济管理系
3	2012	天津滨海综合发展研究院	2	2002	厦门象屿保税区管委会
3	2009	天津师范大学政治与行政学院	2	2014	信永中和会计师事务所
3	2013	燕山大学经济管理学院	2	2010	广州大学商学院
3	2004	东北林业大学	2	2006	广东外语外贸大学
3	2000	武汉理工大学	2	2001	天津外国语学院
3	2010	四川大学经济学院	2	2011	上海财经大学财经研究所
3	2011	太原师范学院经济系	2	2006	哈尔滨工业大学深圳研究生院
3	1994	中共江苏省委党校	2	2010	哈尔滨工程大学国家大学科技园博士后科研工作站
3	2003	大连高新技术产业园区管委会	2	2009	江苏省环境科学研究院
3	2012	河北金融学院	2	2015	上海市浦东新区沪东社区卫生服务中心
2	2012	广西经济管理干部学院	2	2010	聊城大学商学院
2	2014	江苏漫修律师事务所	2	2004	青岛科技大学经济与管理学院
2	1995	上海市档案局	2	2012	广东环境保护工程职业学院
2	2015	燕山大学	2	1995	中共湖北省十堰市委党校

续表

发文量	年份	机　构	发文量	年份	机　构
2	2000	苏州大学	2	2005	北京理工大学管理与经济学院
2	2018	河北迁安锦江集团	2	2018	河北产业经济研究室
2	2009	天津师范大学城市与环境科学学院	2	2010	天津财经大学经济学院
2	2014	天津理工大学管理学院	2	2009	武汉理工大学管理学院
2	2018	河北经贸大学金融学院	2	2010	中国移动通信集团广东有限公司
2	2010	哈尔滨工程大学博士后科研流动站	2	1997	华南理工大学工商管理学院
2	2001	复旦大学中国经济研究中心	2	2010	天津商业大学公共管理学院
2	2007	山东大学政治学与公共管理学院	2	2014	江苏大学
2	2018	河北省委党校	2	1998	南京大学国际商学院
2	2010	哈尔滨工程大学经济管理学院	2	2014	中南民族大学
2	2010	中国环境管理干部学院	2	2011	苏州工业园区职业技术学院
2	2014	山东省行政管理学会	2	2009	安徽财经大学财政与公共管理学院
2	2014	南通大学商学院	2	2001	暨南大学
2	2004	浙江万里学院	2	2010	江西省广昌县工业园财政分局
2	1993	对外经济贸易大学	2	2010	中南大学公共管理学院
2	2006	中共湛江市委党校	2	2002	西北师范大学经济管理学院
2	2016	中共舟山市委党校	2	2011	深圳市环境工程科学技术中心
2	2014	浙江海洋学院	2	2013	上海市浦东新区行政学院
2	2010	广西师范学院	2	2003	浙江大学管理学院
2	2009	深圳市委党校	2	2001	上海市浦东新区疾病预防控制中心
2	2003	国务院发展研究中心技术经济研究部	2	1993	华东师大中国行政区划研究中心
2	2002	苏州大学政治与公共管理学院	2	2014	天津大学管理与经济学部
2	2012	重庆科技学院法政与经贸学院	2	2005	浙江大学管理学院
2	2008	中共上海市长宁区委党校	2	2012	兰州大学经济学院
2	2011	北京交通大学经济管理学院	2	2010	东南大学经济管理学院

3.4　关键词分布

关键词是描述论文主题概念的关键词汇，通过对关键词的统计及可视化分析，能够掌握数字学术研究主题的分布情况，发现研究主题的研究结构及趋势情况[10]。设置每片年数为 1，节点类型选择 Keyword，Top N 值为 50，词频为 5 以上，其他选项均为默认值，可绘制出关于关键词分布的可视化图像（图 2）。图中每个节点代表一个关键词，节点年轮代表其出现的年份，面积越大说明出现频次越多，“管理体制”“管理模式”等词的高频出现就是因为本文的研究主题为产业园区的管理模式，节点之间的连线表示关键词之间的共同出现情况，可以看出节点面积大的关键词与连线多的关键词基本重合，说明热点关键词亦是中心关键词，对于产业园区管理领域的研究起到联结的作用。

结合表3与图2可以看出，除了“管理体制”“管理模式”等词语是产业园区管理的主要关键词之外，“高新区”“高新技术开发区”“高科技产业”等高频词反映了高新技术在工业园区研究中的重要性；“滨海新区”“浦东新区”体现了对于这两个新区的研究颇多，而这两个新区也是我国建设较为成功的新区。

表3　国内产业园区管理模式研究文献关键词按词频统计表

词频	中心度	年份	关键词	词频	中心度	年份	关键词
136	0.45	1995	管理体制	10	0.08	2003	园区管理
109	0.41	1994	管理模式	9	0.00	2014	产业园区
71	0.44	1999	创新	8	0.01	2012	国家级新区
64	0.09	1999	开发区	8	0.04	2002	行政区
37	0.08	1999	高新区	8	0.02	2008	体制创新
33	0.10	1999	滨海新区	8	0.02	1995	高新技术产业开发区
30	0.19	2006	工业园区	8	0.04	1995	管理型
22	0.16	2002	行政管理体制	8	0.02	2011	化工园区
22	0.12	1993	经济开发区	8	0.02	2002	开发区管委会
21	0.07	1999	高新技术开发区	7	0.01	1993	高技术产业
20	0.03	1995	管理机制	7	0.01	2004	物流园区
20	0.08	1996	新区	7	0.00	2008	改革
16	0.08	1993	经济技术开发区	6	0.01	2003	政府
15	0.07	2006	模式	6	0.00	2010	行政管理
14	0.02	2003	管理体制改革	6	0.02	2006	上海市
14	0.02	1999	行政管理体制改革	6	0.01	2004	运行机制
13	0.09	1983	经济区	6	0.00	1995	高技术开发区
13	0.10	1994	浦东新区	6	0.00	2008	功能区
13	0.06	2009	管理体系	5	0.02	1995	多元参与
12	0.05	1984	企业管理	5	0.00	1995	科学园
11	0.04	2001	管理	5	0.00	2003	机构
10	0.05	1984	企业	5	0.00	1993	高科技产业
10	0.03	2002	开发区管理				

“改革”“管理体制改革”“体制创新”等词的出现，说明产业园区管理模式的发展遇到了新的挑战，旧的制度已经无法适应新的环境，急需改革创新。

3.5　研究主题变迁

通过运用CiteSpace软件对突变词分析的功能，可以展示该领域研究主题词随时间的改变，挖掘研究热点变化轨迹，为该研究领域的发展趋势和前沿探索提供参考。设置每片年数为1，节点类型选择Keyword，Top N值设定为50，Term Type选择Burst terms，词频选择5及以上，其他选项均为默认值，最后，关键字转换的可视图像显示在时区视图

(Timezone) 中 (图 3)。每个节点代表一个主题; 节点圆形面积越大说明突变强度越强，持续时间越长，研究成果越多；节点间的连线代表两词间的共现关系[11]。

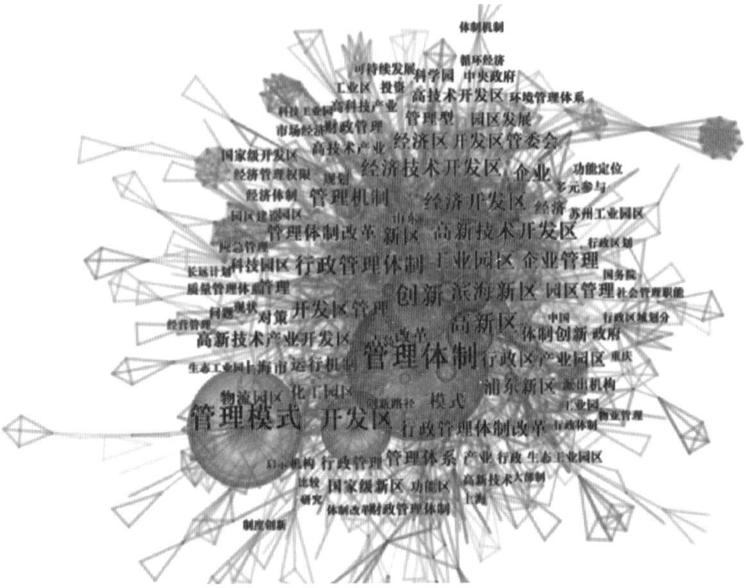

图 2　产业园区管理模式研究关键词共现知识图谱

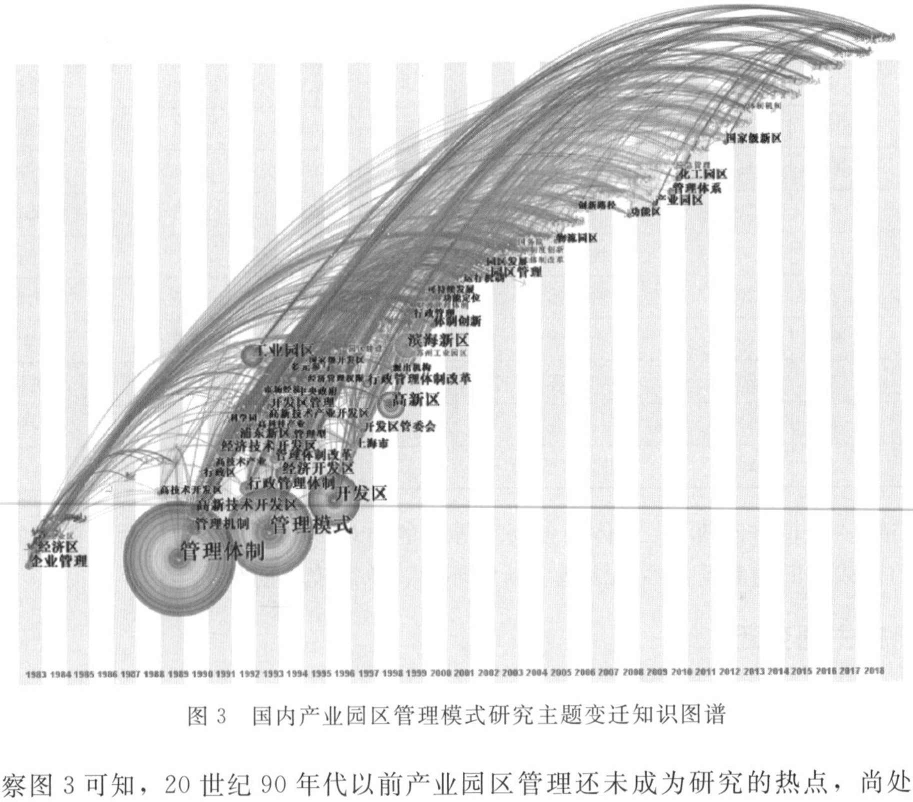

图 3　国内产业园区管理模式研究主题变迁知识图谱

观察图 3 可知，20 世纪 90 年代以前产业园区管理还未成为研究的热点，尚处于萌芽时期。但在此之前，“企业管理”“经济区”已成为研究热点。在企业管理和经济区突现之后，“管理模式”“开发区”“高新区”“工业园区”等词逐步突现。由此可以判断，产业园区管理是从企业管理发展而来的，企业管理的发展给产业园区的管理奠定了基础；而我国最早可称之为“产业园区”的就是我国在改革开放以后建立的一批“经济区”，这也带动了我国对产业园区最初的研究。随后，“管理体制改革”“制度创新”等词出现，“改革”在20世纪90年代的文章中就有体现，“创新”则出现2000年之后，说明学者们在不停地追求管理体制的完善，当旧的管理思想无法适应新的时代环境时，寻找新的出路成为学者研究的目标。“浦东新区”“滨海新区”突现的平均年份为1994年和1999年，通过查找资料可知，浦东新区于1993年正式成立设立，滨海新区在1994年成立并于2005年被写入“十一五”规划，成为国家级新区。

4 研究主题领域分析

为了进一步分析国内产业园区管理模式研究的主题领域和范围，利用CiteSpace对关键词进行聚类分析，获得如图4所示的关键词聚类知识图谱。知识图谱中共有22个聚类，分别是：开发区、经济技术开发区、管理体制改革、高新区、企业管理、管理模式、财政管理、行政管理体制改革、运行机制、产业园区、档案、工业园区、园区、应急管理体制、委员会、辽宁、管理体系、食品加工、宏观管理、档案管理体制、农用地转用审批、体制机制，需要说明的是，该聚类按照文献关键词关系进行聚类分析，由于部分文献关键词未能准确描述文献主题，在CiteSpace聚类过程中，获得的聚类标签比较分散。因此本文在结合文献内容分析的基础上，对上述聚类进行进一步归纳，按照宏观和微观层次，总结出以下研究主题领域。

4.1 宏观管理

对产业园区进行的宏观管理又分为政府部门的管理手段、不同性质产业园区的管理模式、管理模式对于政策及体制的适应。

4.1.1 政府部门的管理手段

由图4可知，对于产业园区的管理，当地的政府部门大多采取行政手段、财政手段，即政策和资金上的改变极大地影响了产业园区的发展。而前文中阐述的经济类院校和政府部门对于该领域的关注也佐证了政府行政管理和财政管理是与产业园区管理交叉最大的领域。政府利用这两种方式，建立了多个产业园区，促进了管理模式的创新。自从产业园区在我国诞生以来，学者们就没有停下改善其管理模式的脚步，管理模式的完善从头到尾伴随着产业园区的发展。我国政策的改变、经济体制的改变产生了最早的园区尝试——经济区，产业园区的生命力亦在于不断地改变自身，以适应新的环境。

我国从1978年以来在一步步地深化体制改革，促进经济发展，设立了大大小小的产业园。如“浦东新区”发文量较高的年份出现在新区设立当年以及后两年，产业园区管理模式的研究往往由实践推动，传统的管理模式已经无法适应新的园区发展时，创新的需求便日趋增多。我国第一次产业园区转型升级发生于20世纪初[10]，同时“创新”这一高频词首次出现在产业园区管理模式研究领域中，由此可见，仅是改革已经无法跟上我国产业

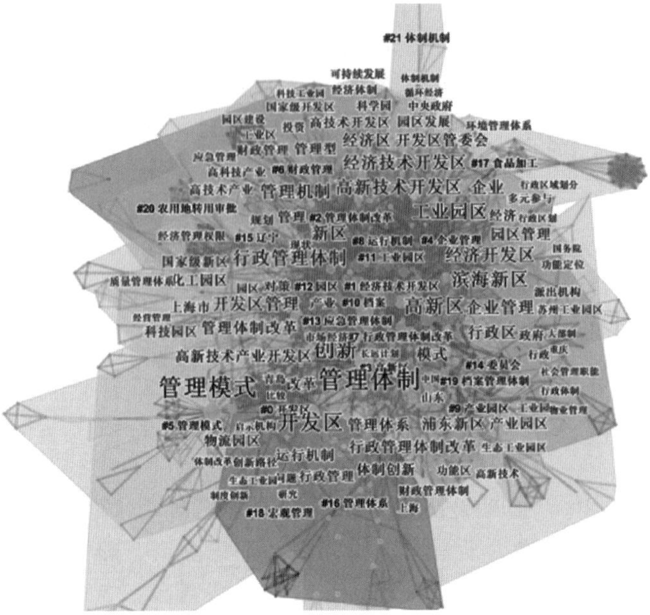

图 4　国内产业园区管理模式研究关键词聚类知识图谱

园区发展的脚步，创新管理模式才能适应园区大规模转型升级的巨变。

4.1.2　不同性质产业园区的管理模式

产业园区往往是同一种产业或与其相关产业的集群，所以会出现“工业园区”“高新区”“文化创意园区”等，不同的产业集群落户企业性质也不尽相同。在产城融合的大环境下，多数新区如“浦东新区”“滨海新区”等，已经不是单纯的企业聚集，其中还包含住宅区、商业区，市民不仅在区内工作，也能够在区内居住、消费、就医。由于产业园区属性的不同，其管理模式也需要加以改变。其中包含管理机构、管理体系、管理绩效考评机制的设置。

市辖区如“浦东新区”的管理机构是政府部门，但其余“工业园区”“文化创意园区”等产业区的管理则可以视园区自身情况采取政府主导、企业协助或企业主导、政府协助的管理模式，又或者采取政企分离的管理模式，政府主导公共服务、市场监管等，企业主导经济、投资等服务。

4.1.3　管理模式对于政策及体制的适应

政府部门通过一定的行政和财政手段管理产业园区，产业园区也通过改变管理模式来适应政策及体制的改变。

由于产业园区的实践对于国家政策和经济体制的改变十分敏感，所以其管理模式的理论研究往往也跟随着国家政策和经济体制的改变而发展。通过上文对发文机构的梳理可以发现，高校的政法类学院、党校及政府部门发文量较多，即这一些单位的学者热衷于研究产业园区的管理模式。由此可以看出，产业园区领域与政策法规领域的研究交叉较大，从侧面反映了产业园区的发展与国家政策息息相关。因此，产业园区管理模式的研究也要跟随政策与体制的方向。

例如，为适应我国土地利用总体规划，产业园区在建设前期的空间规划、运行期间的土地可持续利用保护上都需要制定相应的管理制度。由于需要落实新一轮北京城市总体规划提出的“减量”任务，北京房山区集体产业不得不改变现有土地管理模式，实现用地的减量、提质[11]。

4.2 微观管理

对产业园区微观管理模式的研究又分为财务管理方向、档案管理方向、应急管理方向，这三个方向大多包含于整体的管理机制之下，但由于这三者的特殊性，依旧有较多的学者对其进行单独的研究。从前文中提到的“经管类高校发文量较多”可以看出，财务和经济方面的学者十分关注该领域的研究，同时产业园区的财务管理亦和政府财政息息相关。关于档案管理方面，开发区不同于一般的行政区域，因此其档案管理模式需适应开发区行政管理体制与机制[12]。在一些特殊产业尤其是化工等具有危险性的产业集群中，由于企业密度高，一旦出现危险事故不仅影响企业本身，园区内企业也会受到威胁，在一些产城融合的新区甚至会祸及周边城区。如“8·12天津滨海新区爆炸事故”，一家企业的仓库发生火灾爆炸，造成近千人伤亡，直接损失达68.66亿元。在研究应急管理模式的同时还应考虑产业园区兼具居民区与企业开发两个功能，根据不同的区域和功能设计多种应急管理模式[13]。

5 结语

本文在对产业园区管理模式研究文献梳理的基础上，从宏观和微观两个角度简要总结了我国产业园区管理模式研究的热点领域，认为产业园区管理模式未来的发展依旧离不开政策的引导，管理模式的改变也仍然是产业园区适应大环境、迎接新挑战的主要方式之一。由于本文的观点建立在数据分析之上，缺乏相应的实证研究，因而具有一定的局限性。尽管如此，仍希望本文能为相关学者提供参考借鉴。

参 考 文 献

[1] 王缉慈，朱凯．国外产业园区相关理论及其对中国的启示［J］．国际城市规划，2018，33（2）：1－7.

[2] 张磊．上海张江及东莞松山湖科技园区管理模式的经验与启示［J］．科技创新与生产力，2018（6）：1－3.

[3] 魏永军．环境管理引导型政府职能模式分析——以江苏省化工园区为例［J］．江苏科技信息，2015（30）：15－17.

[4] 张鑫，胡碧玉，宋小军．工业园区组织管理模式运行效率评价指标体系——以四川跨区域合作园区为例［J］．现代商贸工业，2014，26（12）：16－19.

[5] 李晓东．我国高新技术产业园区管理模式探析——以南宁高新区为例［J］．改革与战略，2010，26（4）：59－61.

[6] 王璇，史同建．我国产业园区的类型、特点及管理模式分析［J］．商，2012（18）：177－178.

[7] 叶鹰．文献计量法和内容分析法的理论基础及软件工具比较［J］．评价与管理，2005（3）：24－26.

[8] CHEN C. CiteSpace II：detecting and visualizing emerging trends and transient patterns in scientific literature [J]. Journal of the American Society for Information Science and Technology，2006，57 (3)：359－377.
[9] 百度百科．深圳蛇口工业区 [EB/OL]. [2018－12－18]. https：//baike. baidu. com/item/%E6%B7%B1%E5%9C%B3%E8%9B%87%E5%8F%A3%E5%B7%A5%E4%B8%9A%E5%8C%BA/12759977.
[10] 何娇，周国华，杨云源．产业园区转型升级的国内文献综述 [J]. 楚雄师范学院学报，2016，31 (9)：73－78.
[11] 潘芳，王莹，裴晓晨．北京市房山区集体产业用地减量提质策略及再利用路径模式研究 [J]. 北京规划建设，2017 (5)：102－106.
[12] 李倢，项文新．"大档案"理念下的开发区档案管理模式研究——以苏州工业园区档案管理中心为例 [J]. 办公自动化，2014 (23)：41－44＋40.
[13] 曾明荣，吴宗之，魏利军，等．化工园区应急管理模式研究 [J]. 中国安全科学学报，2009，19 (02)：172－176.

02 文献分析

中国—马来西亚经贸合作研究的知识图谱可视化分析

岑灵莲

（广西民族大学管理学院，广西　南宁　530006）

摘　要： 中国和马来西亚建交46周年，两国之间的经贸合作已经取得丰硕成果，对中国—马来西亚的经贸合作进行深入分析，能够为两国今后的合作提供参考。本文运用文献计量方法，以中国知网（CNKI）数据库收录的重要期刊和学位论文为数据源，利用CiteSpace和Ucinet工具，首先从时间分布、研究资金分布、研究机构分布、作者发文及合作网络展示中马经贸合作的研究现状；然后根据高频关键词，分析中马经贸合作的研究热点变迁。中马经贸合作研究分为三个阶段：起步阶段、快速发展阶段和波动阶段。每一阶段的研究热点不同，受外在环境影响较大。

关键词： 中国；马来西亚；经贸合作；知识图谱；可视化

1　引言

1974年，马来西亚在东盟国家中率先同中国建立外交关系，翻开了中马关系发展历史新篇章。建交46年来，中马两国政治互信不断增强，经贸合作更加深化，人员交往日益密切。中马关系已步入稳定、健康、务实的发展轨道。

中国连续9年是马来西亚最大的贸易伙伴国，过去两年中国也是马来西亚制造业的最大投资国。根据中国商务部数据显示，2017年中马双边贸易额达960.3亿美元，增长10.5%，占中国与东盟贸易额的18.7%。2018年上半年，中马贸易额518.8亿美元，其中：中方进口302.4亿美元，中方出口216.4亿美元[1]。

本文运用文献计量方法，结合可视化分析工具，对中马经贸合作研究进行定量与定性的分析。在对中马经贸合作研究的时间分布进行整理和归纳的基础上，依据可视化知识图谱，深入分析中马经贸合作的研究现状和研究趋势，以期为今后的中马经贸合作的理论研究与实践应用提供参考。

2　数据来源与分析方法

2.1　数据来源

本文以中国知网（CNKI）的数据库为数据来源，以主题为“中国”并含“马来西亚”，并且主题为“经济合作”或含“贸易合作”，对期刊和硕博士论文进行检索，剔除新闻报道、书评、记事等不符合本研究的文献后，得到文献共 709 篇（检索时间截至 2018 年 10 月 1 日）。从 CNKI 数据库以 Refworks 和 EndNote 格式分别下载数据 709 条，每条数据都包括作者、机构、题名、期刊名称、发表时间、期卷、关键词、摘要等全记录信息。

2.2 研究方法

文献计量法是一种对学科领域研究文献各个方面和整体进行定量化研究的方法，有助于揭示其发展规律[2]。知识图谱是以知识为计量研究对象，在利用数据方程式表达科学发展规律的基础上，以曲线形式将科学发展规律绘制成二维图形，通过知识图谱可视化的形式呈现某一领域在一定时期内的研究热点、演进历程和发展趋势[3]。CiteSpace（引文空间分析工具）是一款可视化分析软件，可以对文献的作者、机构、关键词等多元信息进行可视化分析，并以知识图谱的形式呈现，是目前文献计量中最具特色和影响力的软件之一[4]。Ucinet（整体网分析工具）是一种功能强大的社会网络分析软件，该软件包括大量的网络分析指标，如中心度、派系分析以及因子分析、聚类分析[5]。

本文采用文献计量法，以 CiteSpace V 和 SATI3.2 为研究工具，对包含作者、机构、主题、关键词、发表时间等特征信息的基本数据进行分析，将中马经贸合作研究现状绘制成可视化的知识图谱形式，从而研究中马经贸合作的发展特点和变化规律。

3 研究现状

3.1 时间分布

某一学科文献数量的时间分布情况在一定程度上能反映出该学科的发展趋势，通过统计文献数量，绘制相应文献数量分布折线图，能够了解该学科的发展变化以及趋势。如图 1 所示是 1983—2018 年间中马经贸合作研究的相关文献数量变化曲线图。根据发文时间和发文量的分布，中马经贸合作研究大致分为三个阶段：第一个阶段（1983—2000 年）是起步阶段，少数学者开始关注中马经贸合作问题，发文量较少；1997 年东南亚金融危机爆发导致中马经贸合作研究论文数量出现波动。第二个阶段（2001—2006 年）是快速发展阶段，更多的学者开始关注中马经贸合作问题，发文量从 2001 年的 4 篇增长至 2006 年的 50 篇；第三个阶段（2007—2018 年）是波动阶段，2007—2009 年间经历了世界金融危机，中马贸易合作受阻，学术界对中马经贸合作的研究也呈现下降趋势；学术界从 2010 年开始对中马经贸合作的研究逐渐增加，虽然发文量有波动，但是总体上呈现上升趋势。值得一提的是，在 1983—2018 年的 709 篇文献中，硕博士论文共计 449 篇，占总发文量的 63.4%。总体而言，中马经贸合作研究自提出至今，得到了学术界的一定关注，年均发文量约 20 篇，呈现上升趋势。

3.2 研究资金分布

国家或相关机构为推动各个学科的研究进程设置了相关学术研究基金，为支持研究能够针对相关问题引起社会关注以及提出解决的措施或建设性的意见与建议。对 708 篇文献

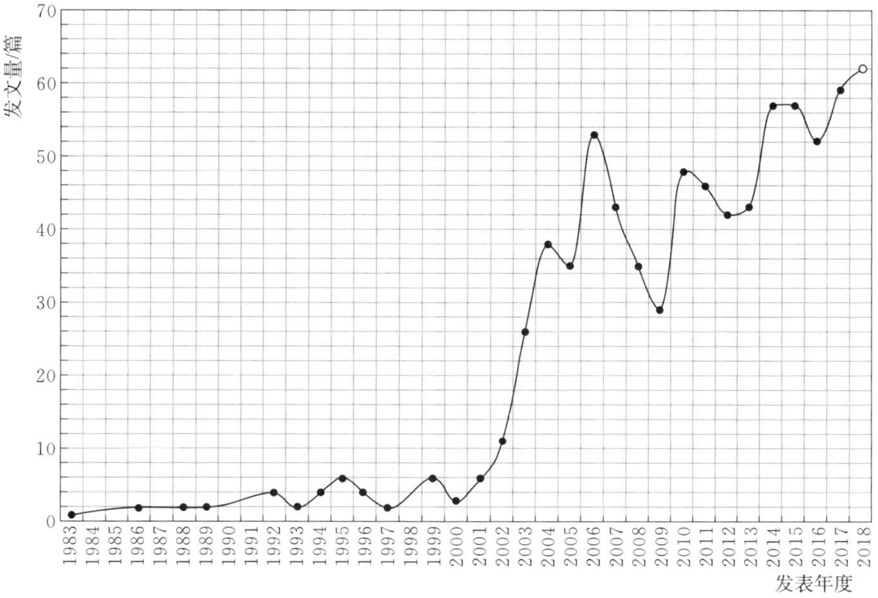

图 1　中马经贸合作研究文献数量的时间分布曲线

和学位论文资金情况进行统计，共有 31 篇期刊论文受到基金支持，占总发文量的 4.4%。见表 1，其中国家级基金项目资助共 25 篇，占总发文量的 3.5%，省级资金项目分别来自广西壮族自治区和江苏省。CNKI 计量可视化分析中，国家级、省级资金支持的论文数量呈逐年增加的趋势，这也说明了我国学者对“中马经贸合作”研究的逐步重视。

表 1　　中马经贸合作研究主要基金分布

序　号	基　金　名　称	发文量/篇
1	国家社会科学基金	19
2	国家自然科学基金	6
3	长江学者奖励计划	3
4	广西科学基金	1
5	江苏省教育厅人文社会科学研究基金	1
6	中国博士后科学基金	1

3.3　研究机构分布

运用 CNKI 和 CiteSpace 可视化对发文机构进行分析，能够直观、有效地识别关于中马经贸合作研究的基本情况和合作网络。根据 CiteSpace 导出的结果整理得到发文量前 20 的代表性机构，见表 2。各机构的发文量不小于 9 篇，广西大学（52 篇）发文量最多；中马经贸合作的研究主要集中在高校和地方性研究所，现阶段研究成果较突出的机构为广西大学、暨南大学和厦门大学。总体而言，对中马经贸合作开展研究的科研机构较多，达 40 家，但科研机构之间的合作较少。南部沿海地区的科研机构对中马经贸合作更为重视，同

续表

序号	作　者	所在单位	发文量
14	陈捷	清华大学	2
15	刘雪娇	云南师范大学	2
16	葛雷	广西大学	2
17	王泽伟	北京师范大学	2
18	陈琪	清华大学	2
19	袁玲	桂林理工大学	2
20	孔建勋	云南社会科学院东南亚研究所	2

4　研究趋势

4.1　高频关键词

点的中心度是通过量化来展现点在网络中的重要性，中心度测量可以发现不同学科的连接点或呼应网络中的指点。中心度大的阶段相对容易成为网络中的关键节点[6]。由于是针对“中马经贸合作”的研究，“马来西亚”“中国”“美元”“投资”“东盟”“经贸合作”“自由关税区”“企业管理”“亚洲”“一带一路”的中心度大于 2.00，“区域性组织”“美国”“经济特区”“中国—东盟”“区域经济合作”“领导人”“中国—东盟自由贸易区”“自由贸易区”“贸易额”“政治”的中心度在 1.00～2.00，其他词语的中心度小于 1.00。

词频是指文献中词语出现的次数，通过词频来对研究内容进行定量化分析的方法称为词频分析法。运用 Ucinet 在整理好的文献数据中提出表达文献核心内容的关键词进行频次的高低排序，分析“中马经贸合作”的研究热点。在所选文献中共提取 670 个关键词，再从中选取 38 个关键词（词频不小于 4），“东盟”作为主要研究热点词频达 108 次，“中国”（73 次）、“经贸合作”（54 次）、“马来西亚”（45 次）、“一带一路”（26 次）、“中国—东盟自由贸易区”（20 次）出现频次相对较高，反映出东盟国家开展在经贸合作的途径主要是“一带一路”和中国—东盟自由贸易区（表 4）。

表 4　　中马经贸合作研究的高频关键词

序号	关键词	词频	序号	关键词	词频
1	东盟国家	108	8	东南亚	16
2	中国	73	9	本位币	15
3	经贸合作	54	10	美元	15
4	马来西亚	45	11	中国—东盟	15
5	“一带一路”	26	12	企业管理	14
6	中国—东盟自由贸易区	20	13	投资	13
7	泛北部湾经济合作	18	14	亚洲	10

续表

序号	关键词	词频	序号	关键词	词频
15	财政管理	10	27	北美洲	5
16	美国	10	28	自由关税区	5
17	经贸关系	9	29	华人	5
18	区域经济合作	9	30	展望	5
19	贸易额	8	31	政治	5
20	出口	7	32	领导人	4
21	自由贸易区	7	33	农产品贸易	4
22	广西	6	34	越南	4
23	合作	6	35	产业园区	4
24	对策	6	36	区域合作	4
25	东亚	6	37	区域性组织	4
26	经济特区	6	38	货币合作	4

4.2 主题聚类

关键词、主题词的分析是分散的，为了对该领域知识体系的结构进行总体把握，本文通过运用 CiteSpace 聚类分析，以该聚类的关键词进行总结并标注，如图 4 所示。Time Span（时间区间）为 1983—2018 年，按照 1 年为 1 段区间进行切割，提取每个时间切片排名前 50 位的数据。Network（网络）：N（节点数量）＝580，E（连线数量）＝1282，Density（网络密度）＝0.0076；Modularity Q（模块度）＝0.6831，0.5～0.8 为最佳聚类范围，模块度越大表示网络的

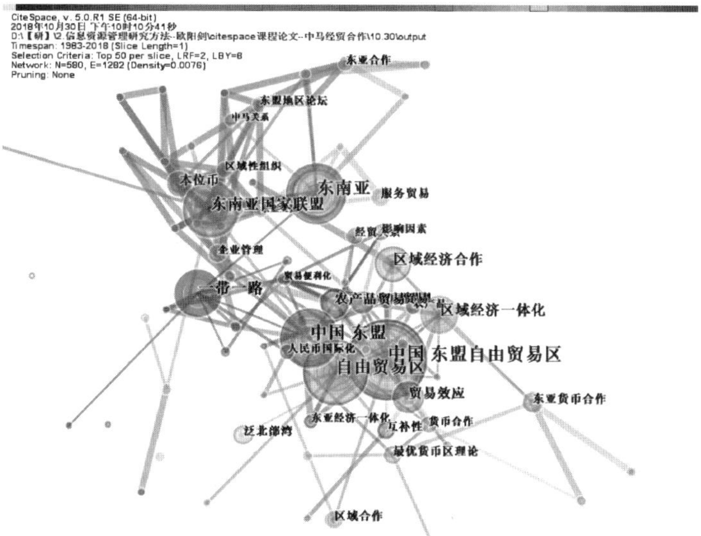

图 4　中马经贸合作研究高频关键词共现知识图谱

聚类结果越好。CiteSpace 将研究主题聚类为 10 个模块归为 5 大类，主要包括：东南亚国家联盟、区域经济合作、中国—东盟自由贸易区、区域经济合作一体化、“一带一路”。

4.3 研究热点变迁

运用 CiteSpace 的 Timeline 视图展示中马经贸合作研究热点的变迁，如图 5 所示，时间切片为 5 年，字体越大表示词频越高，关键词之间的连线反映随着时间的推进，研究热点也在改变。从图 5 可以分析中马经贸合作的主题变迁过程为：东南亚国家联盟—区域经济合作—中国—东盟自由贸易区—区域经济合作一体化— “一带一路”。结合前文的三个发展阶段进行分析：起步阶段（1983—2000 年）主要研究东南亚国家联盟、区域经济合作和本位币等问题；快速发展阶段（2001—2006 年）为解决区域经济一体化问题，研究重点围绕中国—东盟自由贸易区、区域经济一体化、货币合作和农产品贸易等问题；波动阶段（2007—2018 年）由于国家从 2013 年开始大力推进“一带一路”政策，学者主要对“一带一路”问题进行讨论。

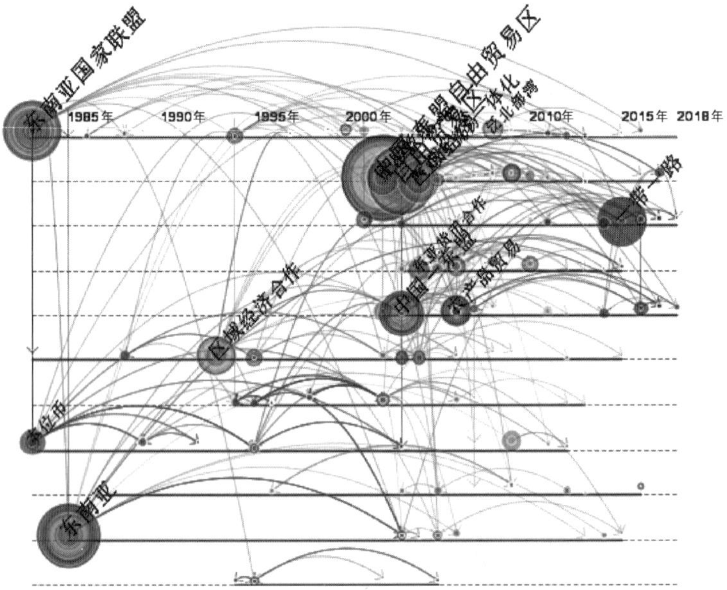

图 5 中马经贸合作研究论文高频关键词共现时区图

4.3.1 东南亚国家联盟

1967 年 8 月 7—8 日，印度尼西亚、泰国、新加坡、菲律宾四国外长和马来西亚副总理在曼谷举行会议，发表了《曼谷宣言》，正式宣告东南亚国家联盟（简称东盟）成立。东盟成为东南亚地区以经济合作为基础的政治、经济、安全一体化合作组织，并建立起一系列合作机制。1991 年中国与东盟建立对话关系以来，双方经贸关系不断深化。曹云华在 1995 年论述了变化中的中国—东盟关系，指出中国是东盟的重要邻居，经过双方的共同努力，中国与东盟的政治关系全面改善，经贸合作全面发展。其中中国与马来西亚的经贸合作活跃，1989 年马来西亚是中国在东南亚地区仅次于新加坡的第二大贸易伙伴[7]。孔建勋针对 1997 年东南亚金融危机爆发后中国与东盟的关系进行研究指出，金融危机爆发以来，中国与东盟的双边贸易额大为减少，并指出中国与东盟在金融领域应加强合作，共同维护东亚国家金融安全[8]。

4.3.2 区域经济合作

在1995年东盟首脑会议上，东盟首次提出了与中国、日本、韩国3国首脑举行会晤的设想。1997年12月，第一届“10+3”首脑会晤在马来西亚举行，“10+3”合作正式启动，东盟10国开始了与中国、日本和韩国3国之间的区域经济合作。王士录分析了“10+3”合作的困境，并指出了合作方只有进一步开放市场，完善合作机制才能走出困境[9]。厦门大学陈雯对东盟区域贸易合作的贸易效应进行研究，分析其存在的局限性及其成因，从而探讨了南南贸易合作的可能出路[10]。

4.3.3 中国—东盟自由贸易区

2001年中国正式加入世界贸易组织，对东盟产生了重要的影响。2002年中国—东盟自由贸易区建设正式启动。中国—东盟自由贸易区建设是21世纪影响中国、亚洲甚至全世界的具有里程碑意义的大事件，其建设过程和运行效果将影响世界经济格局。霍伟东对中国—东盟自由贸易区的模式选择、经济效应、合作前景、中国—东盟自由贸易区与西部大开发等现实问题，做了深入的探索[11]。史智宇对中国—东盟自由贸易区的贸易效应进行了实证研究，指出双方需解决的主要问题包括中国与东盟的双边贸易有没有互补性、中国如何调整贸易政策和产业政策等[12]。

4.3.4 区域经济合作一体化

随着经济全球化和区域化的浪潮，在东亚地区，东盟最早启动了区域经济一体化，并成为东亚区域经济一体化的核心。东南亚研究中心王勤对东盟区域经济一体化及其效应进行研究，提出区域经济一体化可以为成员国带来静态和动态的经济效应，静态效应在于贸易创造和贸易转移，动态效应在于规模经济、竞争效应和对投资的刺激[13]。范祚军等对中国—东盟区域经济一体化进程中的金融支撑进行分析，中国与东盟的金融合作还是处于初级阶段，要促进中国与东盟的信用体系建设，推进双向信贷业务和保险市场，培育多层次资本市场。刘展对中国—东盟经济一体化中的税收协调问题进行研究，提出双方应该协调避免国际重复征税，建立税收交换机制，加强区域税收征管合作等措施[14]。

4.3.5 “一带一路”

2013年中国正式提出“一带一路”倡议，马来西亚是最早响应“一带一路”倡议的沿线国家，也是共建“一带一路”早期收获最丰硕的国家之一。中马两国已经先后通过《中华人民共和国政府与马来西亚政府经贸合作五年规划（2013—2017年）》和《中华人民共和国和马来西亚建立外交关系40周年联合公报》。张赛群对马来西亚“一带一路”差异化认同的原因、风险进行分析，提出化解中马合作过程的风险需要加大对“一带一路”的宣传，重视风险评估和规避，同时尝试多种合作方式，除了在能源、通信等方面合作外，中马应加强服务业合作[15]。陈晓律等在《中国构建海上丝绸之路的两个节点：马来西亚与泰国》中指出，马来西亚由于历史、文化与地理的因素，应成为我国海上驿站建设的重点。中国应该以和平的方式形成地区互利共赢的态势[16]。许培源等对中马两国共建“海上丝绸之路”提出加强政策沟通、创新资金融通合作、推动国际产能合作、发挥马来西亚华人的桥梁作用的建议[17]。

5 结论

通过运用知识图谱方法对中马经贸合作文献分析得到以下结论：

（1）从中马经贸合作研究论文的时间分布来看，发文量虽有波动，但总体上呈现增长趋势，说明中马经贸合作越来越受到关注，正成为当前的研究热点。

（2）从研究资金来看，虽然一部分论文有基金项目的支持，但是总体研究力度不强，缺少具有影响力的文献发表。

（3）从发文作者和发文机构来看，王勤、骆永昆、曹云华、韦朝晖、郑国富的发文量较大，但是被引用量不高，作者之间的合作情况也较少，难以形成具有领域影响力的合作网络。发文机构主要集中在广西大学、暨南大学和厦门大学等高校，有小部分科研院所。

（4）从高频关键词分析发现，目前中马经贸合作研究热点集中在“一带一路”、中国—东盟自由贸易区、区域经济一体化、泛北部湾经济合作、进出口贸易、农产品贸易、产业园区、货币合作等方面。

（5）从研究热点变迁来看，中马经贸合作研究热点的演化路径为：东南亚国家联盟—区域经济合作—中国—东盟自由贸易区—区域经济合作一体化—“一带一路”。

参 考 文 献

[1] 中华人民共和国驻马来西亚经济商务参赞处．http：//my.mofcom.gov.cn/article/sqfb/201801/20180102705913.shtml.

[2] 柯平，宫平．数字人文研究演化路径与热点领域分析［J］．中国图书馆学报，2016，42（6）：13-30.

[3] 刘则渊．科学知识图谱：方法与应用［M］．北京：人民出版社，2008.

[4] CHEN C. CiteSpace II：detecting and visualizing emerging trends and transient patterns in scientific literature［J］. Journal of the American Society for Information Science and Technology，2006，57（3）：359-377.

[5] 刘军．整体网分析 UCINET 软件实用指南［M］．2 版．上海：上海人民出版社，2014.

[6] 李杰，陈超美．CiteSpace：科技文本挖掘及可视化［M］．北京：首都经济贸易大学出版社，2016.

[7] 曹云华．变化中的中国—东盟关系［J］．东南亚研究，1995（5）：12-13，11.

[8] 孔建勋．金融危机爆发后东盟与中国关系的发展［J］．东南亚纵横，1999（02）：57-61.

[9] 王士录．“10+3”合作的困境与出路［J］．东南亚，2002（1）：1-8.

[10] 陈雯．东盟区域贸易合作的贸易效应研究［D］．厦门：厦门大学，2002.

[11] 霍伟东．中国-东盟自由贸易区研究［D］．成都：西南财经大学，2003.

[12] 史智宇．中国东盟自由贸易区贸易效应的实证研究［D］．上海：复旦大学，2004.

[13] 王勤．东盟区域经济一体化及其效应［J］．南洋问题研究，2008（1）：1-9.

[14] 范祚军，徐啸．中国—东盟区域经济一体化进程中的金融支撑［J］．改革与战略，2014，30（9）：52-58.

[15] 张赛群．马来西亚“一带一路”差异化认同：原因、风险及启示［J］．国外社会科学，2018（4）：24-31.

[16] 陈晓律，叶璐．中国构建海上丝绸之路的两个节点：马来西亚与泰国［J］．南京政治学院学报，2015，31（1）：73-78，141.

[17] 许培源，陈乘风．马来西亚在“海上丝绸之路”建设中的角色［J］．亚太经济，2016（5）：70-74.

03 信息服务

高等院校图书馆与产业园区协同构建产学研信息服务平台研究——以广西高等院校图书馆与中马产业园区为例

韦良珍

（广西民族大学，广西　南宁　530006）

摘　要：产学研合作背景下，校企合作是必然趋势，此次调查研究从中马钦州产业园入园企业信息调查、广西区内高等院校图书馆数字资源建设情况、广西高校产学研合作情况、广西区高校与中马钦州产业园合作情况进行调查分析，提出了广西区高校图书馆协同园区构建产学研信息平台面临图书馆缺乏主动服务意识，企业信息服务宣传不足、能力发挥受限等方面的问题，并从主动寻求解决问题途径，打造服务品牌、设立图书馆产学研合作服务中心，多方联合建设信息资源体系以及构建产学研信息服务平台4个方面探索高校、园区、企业构建产学研信息服务平台的建议。

关键词：广西高校图书馆；中马钦州产业园；企业信息服务；产学研信息平台

1　引言

1.1　研究背景

党的十八大第一次提出了产学研协同创新机制，明确指出了产学研协同创新的方向，促进产学研合作成为一个新的趋势。推进产学研协同创新，是高等学校助力国家经济发展、社会进步的迫切需要，也是推动高等学校事业发展的内在要求。校企合作是产学研合作的前提，首先促进学校发展理念、教育体制和办学机制的改革和创新，进而实现高等教育的科学发展。其次推动企业科技创新，提高高校研究成果转化率，同时增强企业竞争力。产学研协同创新是校企实现双赢的方式，在全球经济快速发展的环境中，产学研协同创新阐释的是另一种产学合作模式。校企合作也会越来越密切，双方对于产学研信息的需求也更为凸显，作为高校信息文献中心和社会信息服务机构的高等院校图书馆将把服务产学研作为重要工作范围。广西高等院校事业发展应该牢牢抓住中马钦州产业园建设的机会，与园区企业达成产学研合作关系，加强与园区企业的合作办学，努力实现转化研究成果，提高院校创新研究的积极性。而高等院校图书馆更应该珍惜校企合作、产学研合作的浪潮，促进图书馆事业发展，提高图书馆资源利用，增强馆员服务意识，为校企产学研合作提高良好的基础。

中国—马来西亚钦州产业园区是中国政府与外国政府合作共建的第三个国际园区。在中马两国政府的大力支持下，中国—马来西亚钦州产业园区和马来西亚—中国关丹产业园区，携手建设“两国双园”国际合作新模式，共同推动国家“一带一路”倡议，构建以产业园为基础，积极探索国家之间产能合作模式，提升了中国—东盟自由贸易区服务内容和服务质量。经过 3 年多的开发建设，园区启动区 7.87 平方公里基础设施框架基本形成，已经具备项目“即到即入驻”的便利条件。从 2016 年开始，园区开发建设进入产业和城市项目加速布局的新时期。目前园区已经打造了电子信息、现代服务业、装备制药、食品加工、生物医药、材料与新材料六大产业集群，截至 2017 年 7 月，入园注册企业 150 多家，已有 80 多个产业项目落户园区。

在产学研协同创新和中马钦州产业园建设的背景下，研究广西高等院校图书馆协同全区企业构建产学研信息服务平台，实现产学研校企协同创新十分必要也很有意义。

1.2 研究的目的和意义

1.2.1 研究目的

通过在广西高等院校图书馆的官网查找相关数据了解为企业提供信息服务情况，再进行整理分析和实地访谈调研。同时，结合区内高等院校图书馆针对企业提供服务案例的实证研究，梳理分析存在的问题，并有针对性地提出了解决思路。从而提出高等院校图书馆与企业协同构建产学研信息服务平台，充分发挥两者的优势，构建协同创新的服务平台。既有利于图书馆自身发展，同时也可促进校企合作，互利互惠。

1.2.2 研究意义

通过对广西高等院校图书馆面向中马产业园区企业信息服务进行系统地研究，并通过校企合作案例对图书馆和企业两方进行调查，分析广西壮族自治区高等院校图书馆在企业信息服务中存在的问题和影响因素，对高校图书馆开展企业信息服务提供一定的实践指导和借鉴意义。高校图书馆作为学校教学科研中心和社会信息服务机构，拥有别的信息服务单位不可比肩的丰富馆藏资源和专业素质过硬的人才资源，具备了为企业提供信息服务的先天优势条件。此外高等院校图书馆在履行高校师生的科研和教学等主要任务的同时，将图书馆信息服务拓展范围延伸到学校和企业的产学研合作的工作中，面向企业开展产学研信息服务也具有一定的现实意义，其一是可以促进企业和当地经济、文化的发展；其二是提高图书馆信息服务能力，更好地为学校师生开展教学科研服务；其三是优化高等院校图书馆馆藏资源配置，促进产学研一体化创新，同时还可以获取经费促进高等院校图书馆事业发展。

1.3 研究分析

自国家图书馆 2005 年主办企业信息服务年会后，通过“企业信息服务年会”这一平台，缩短图书馆与企业之间的距离，不仅实现了企业的信息发现、获取和利用能力的提高，还提升了经济效益和竞争力的情报支撑，图书馆也取得了良好的社会效益和经济效益。近年来高等院校图书馆也纷纷积极参与到企业信息服务的浪潮中，如福州大学图书馆、复旦大学图书馆等众多高等院校图书馆自主开展企业信息服务，这一现象引起了图书馆界的关注，因为研究企业信息服务能够延伸图书馆的社会服务空间，开拓图书馆服务市场。通过中国知网、万方等数据资源库进行相关论文统计，以“图书馆企业信息服务”作为检索词，检索时间限定为“2006.01.01—2016.12.31”，共检索到1654条数据。在此基础上再通过检索式为“篇名＝大学图书馆 or 高校图书馆 or 高职图书馆 and 主题＝企业 and 信息服务”进行进一步筛选文献，通过分析最终得到284条数据。利用中国知网计量可视化分析如下。

1.3.1 文章发表时间统计

通过对2006—2017年这段时间内我国高等院校图书馆企业信息服务领域的论文发表情况进行分析，可了解该领域研究的进展。有关研究国内高等院校图书馆企业信息服务的论文发表年代情况如图1所示。

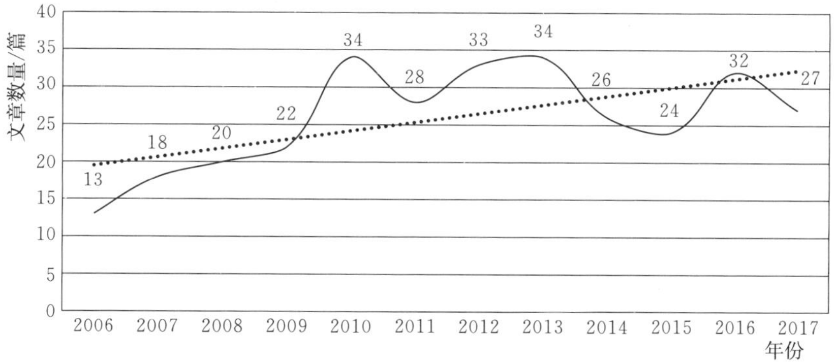

图1 “高等院校图书馆企业信息服务”研究论文年代分布图

由图1可看出，2006年以前高等院校图书馆企业信息服务方面的研究已经出现，2009—2010年间发表的文章数量增加较快，2016年又出现数量峰值。该领域总体发文量呈现平稳趋势。2008年至今，研究者们针对高校图书馆面向企业提供信息服务研究课题比较稳定，但是每年的研究成果相对较少，高校图书馆企业信息服务从进入学者们的研究范围到目前已经走过了十多年时间，特别是近两年来社会各界关注度大大提升，这一研究领域的发展与社会经济发展以及国际化、全球化的知识时代的需求是不谋而合的，因此对该领域的研究具有十分重要的现实价值。

1.3.2 “高等院校图书馆企业信息服务”作者统计情况

通过排除同名作者后统计得知，284篇文章共有320名作者，这些作者大部分来自高校图书馆，发表3篇及以上的作者仅5人（表1）。可见，虽然高校图书馆面向企业开展信息服务研究的群体目前形成了一定规模，但是相比起其他研究课题主要核心作者的成果数量对比，该研究领域所形成的作者群体尚未成为具有代表性和权威性的核心作者群。很多研究者对该课题的研究仅仅处于表层阶段，并未形成完整的研究体系，对于该领域的研究深度和宽度依然需要进一步探索。因此该领域缺乏相对稳定、学术水平较高、发文量较高的核心作者人群。

表 1 “高等院校图书馆企业信息服务”作者发文情况表

序号	作者	发文数量/篇	所在单位
1	于春莉	7	汉江大学
2	王明	4	天津外国语大学
3	徐晓明	3	河北工业大学
4	刘敏榕	3	福州大学
5	张红霞	3	海南大学

1.3.3 关键词分析

关键词是文章研究主题内容的专业术语表达，而高频关键词指文章中出现频率相对高的关键词，通过研究分析某一领域的学术成果的高频关键词可以在很大程度上发现和了解该领域的热点问题和研究前沿，对该领域的研究成果形成直接反映。本研究中的关键词共现情况如图 2 所示，可看出该研究主题分布在“信息服务”“企业”“服务平台”“中小企业”“竞争情报”“信息需求”“科技创新”“知识服务”“服务模式”“企业竞争情报”“地方企业”“资源共享”等方面。

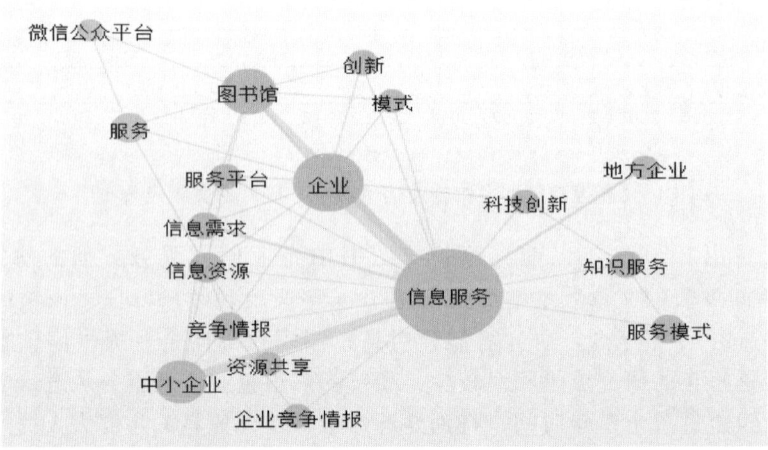

图 2 “高等院校图书馆企业信息服务”关键词网络共现图

通过对检索到的 284 篇文献的中文关键词进行数据统计分析，可掌握到 2006—2016 年我国高等学校图书馆面向企业开展信息服务研究的方向和热点。表 2 列出了排名前 15 的高频关键词，结合文章研究主题分析可知，这 11 年里我国高等学校图书馆面向企业提供信息服务相关课题研究的方向主要集中在高等院校图书馆为地方企业服务的必要性与可行性、高校图书馆为企业提供信息服务的模式和内容、高校图书馆服务于区域经济建设、高校图书馆的现代营销策略等方面。

表 2　　　　　　“高等院校图书馆企业信息服务”高频词统计情况

序号	关键词	出现频次	序号	关键词	出现频次
1	高校图书馆	215	9	竞争情报	10
2	信息服务	123	10	服务模式	10
3	企业	47	11	信息需求	9
4	图书馆	30	12	创新	9
5	中小企业	25	13	服务平台	7
6	企业信息服务	17	14	地方企业	6
7	信息资源	11	15	协同创新	5
8	服务	11	……		

同时，通过对这些文献进行内容分析发现，大部分论文侧重理论研究，但也有一部分结合实践探讨了与实际工作紧密相关的经验和举措。归纳起来，可分为两个研究主题，即高校图书馆企业信息服务理论研究和高校图书馆企业信息服务实践及经验交流。

在国内，吉林大学图书馆杨春元先生于 1985 年就提出了“大学图书馆应面向社会”的观点。同年，于鸣镝先生也撰文提出高校图书馆应逐步向社会开放[1]。高校图书馆服务社会在专业领域有国家政策的明确导向，教育部 2002 年修订颁布的《普通高等学校图书馆规程》总则即明确规定：“大学图书馆是高等学校文献信息中心，是为学校教学和科研提供服务的学术性机构，也是学校信息化和社会信息化的重要基地”；第 4 章第 22 条也指出：“有条件的高等学校图书馆应尽可能向社会读者和社区开放面向社会的文献信息和技术咨询服务”[2]。

1.4　研究关键概念的界定

高等院校图书馆与产业园区协同构建产学研信息服务平台研究的关键概念主要是产学研信息平台，基于产学研合作下的校企合作日渐密切，各地方高校、当地企业和研究院所也纷纷达成合作协议，共同促进当地经济的发展。那么在今天信息环境的背景下，高校图书馆作为学校的信息文献中心，承担着服务高校科研与教学的重要工作，在产学研合作环境下高校图书馆应该主动扩展服务工作的领域，在校企合作、产学研合作方面提高信息服务，而最有效的方式就是搭建产学研信息平台。基于产学研信息服务平台的构建为企业提供特色服务，为产学研合作顺利开展。但是由于高校图书馆人力物力等方面的制约，产学研信息平台的构建单单依靠高校图书馆一方力量难以实现，因此高等院校图书馆与产业园区协同构建产学研信息服务平台研究从高校图书馆与企业协同构建，一方面解决了高校图书馆对企业缺乏了解的不足，另一方面也更加方便搭建企业和高校之间沟通的桥梁，便于产学研信息平台的建设。该平台主要从生产信息模块、学习资源模块、科研信息模块进行构建。生产信息模块和科研信息模块主要是从合作企业的市场产品、技术专利以及科研进展等方面的信息进行分析，学习资源模块主要从建设教学资源、专业建设以及人才培训、实习等方面的信息进行分析。

2 课题研究的思路与框架

通过调查获取中马钦州产业园区主要入园企业的信息和广西高等院校图书馆数字资源建设情况，在分析园区企业信息的基础上，调查广西高等院校图书馆数字资源建设，分析高校图书馆在资源建设方面是否针对某一类型企业所需信息的建设，从资源建设角度了解高校图书馆对于开展企业信息服务的情况。其次，针对广西高等院校产学研合作发展情况，了解目前广西高等院校图书馆开展企业信息服务情况。在此基础上，再选取广西与中马钦州产业园区签署合作协议的高校进行调研，分析目前广西高等院校图书馆企业信息服务现状及面临的制约因素，进而探讨广西区内高等院校图书馆协同企业构建产学研信息服务平台的措施及对策，如图 3 所示。

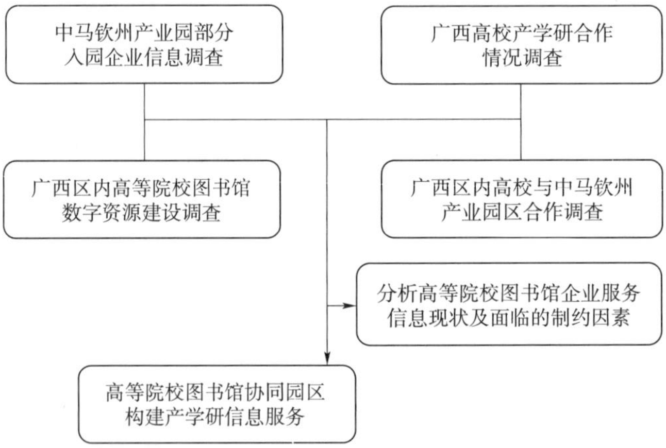

图 3 研究思路框架图

3 调查数据汇总整理分析

3.1 中马钦州产业园主要入园企业信息调查

中马钦州产业园重点发展的六大产业涉及电子信息、食品加工、材料和新材料、生物科技和现代服务业以及装备制造。从调查的结果中可以发现目前入园企业大部分已经投人生产。如食品加工产业的马来西亚关丹钦州燕窝有限公司和广西尚品大马燕窝有限公司；医药设备产业的广西慧宝源医药科技有限公司及深圳市炎志科技有限公司；还有其他企业如北京金达雷科技有限公司，该公司属于科技技术密集型产业，致力于 3D 打印技术研发。园区企业进驻已经进入新高潮，了解园区企业基本信息对于高校图书馆针对校企合作提供信息服务是不可缺少的途径，因此对于园区企业经营范围和发展规划的调查十分必要，笔者针对园区六大产业的相关企业进行调查，调查内容主要是企业经营范围和在园区的投资规模与规划。

3.2 广西区内高等院校图书馆数字资源建设调查

根据 2007 年教育部全国高校图工委颁布的《高等学校图书馆数字资源计量指南》中的定义，“数字资源”是指图书馆引进（包括购买、租用和受赠）或自建（包括扫描、转换和录入）的，拥有磁、光介质或网络使用权的数字形态的文献资源[3]。图书馆数字资源建设一般指从网络数字资源整合后的馆藏化、自身纸质馆藏资源数字化和数据库的购买、自身建设等几种方式。前者主要对网络资源进行加工和导航来丰富馆藏资源，后者主要通过购买数据库和自建数据库来体现。高校图书馆的信息资源建设，特别是数字资源的建设是其为用户提供信息服务的基础，信息资源建设对企业信息服务十分重要，由于受到传统观念的影响，在很长的一段时期以来，高等院校图书馆秉承着服务本校师生的教学和科研为工作中心，对于社会服务则开展比较少，因此高校信息资源建设大多也主要针对学校专业教学方面的纸质和数字资源的建设，针对服务企业的特殊数据库等资源建设相对较少，因此在研究广西区内高等院校图书馆服务中马钦州产业园区企业中，首先需要调查各图书馆资源建设的情况，从资源基础角度分析高等院校图书馆企业信息服务的现状和条件。基于这样的考虑，笔者主要通过广西区内高等院校图书馆的网站进行调查，收集各馆资源建设的数据。根据教育部公布（2017）的全国高等学校名单，广西共有学校 74 所，其中普通本科院校 24 所，民办本科院校 12 所，高职（高专）院校 38 所。其中，24 所公办普通本科学校的图书馆资源建设情况和开展服务情况较好，可以代表广西壮族自治区内高等学校图书馆建设和服务情况。笔者将这 24 所普通本科院校图书馆作为调查对象，在 2017 年 9 月 20 日至 10 月 20 日期间，通过访问各个图书馆网站的方式再加以文献查看和电话咨询的方式，从馆藏书目数据库建设、引进数据库建设、自建特色库建设 3 个方面进行数据调查和采集，大致了解广西高等院校图书馆数字资源建设现状。

3.2.1 馆藏书目数据库调查情况。

笔者所调查的 24 家图书馆均在网站上提供 OPAC 功能，但只有 9 家能正常检索，其余 15 家都无法使用，其中 4 家网页无法正常打开，另 11 家则无法进入 OPAC 系统，返回“找不到服务器或 DNS 错误”信息。通过电话咨询查明，因为这些高校图书馆对该系统做了访问控制，校外访问受到限制。这个情况与今天倡导的资源共享有些矛盾，这种现象很不利于开展企业信息服务。

3.2.2 引进数据库情况调查

根据调查数据统计，24 所广西本科高校图书馆共引进中外文数据库约 262 种，各馆引进中外文数据库平均约 10.9 种。调查数据表明各馆引进数据库数量差距大，其中，引进库数量超过 50 个的有 4 家（广西大学 102 个、桂林电子科技大学 100 个、广西民族大学 59 个、广西师范大学 50 个）；少于 10 个的图书馆有 2 家（桂林航天工业学院 7 个、广西外国语学院 6 个）；绝大多部分图书馆的引进库总数在 10～40 个[3]。从中外文数据库的引进数据来看，相同中文数据库如 CNKI 期刊中文数据库等引进前 5 名数据库占所有图书馆比例超过 80%，见表 3。同样笔者也统计了外文数据库引进频次及前 10 数据的信息，见表 4。

表 3　　中文数据库引进频次统计及排名前 10

序号	数据库名称	引进馆数	占所有图书馆比例
1	CNKI 期刊中文数据库	23	95.8%
2	读秀知识库	21	87.5%
3	CNKI 博硕学位论文	20	83.3%
4	维普中文科技期刊数据库	20	83.3%
5	超星数字图书馆	20	83.3%
6	CNKI 会议论文	16	66.7%
7	万方学位论文	15	62.5%
8	CNKI 报纸	14	58.3%
9	爱迪科森《网上报告厅》	13	54.2%
10	万方数字化期刊	11	45.8%
合计	有 110 个数据库	<10	<45.8%

表 4　　外文数据库引进频次统计及 TOP10

序号	数据库名称	引进馆数	占所有图书馆比例
1	Springer Link	13	54.2%
2	EBSCO ASP	10	41.7%
3	EBSCO BSP	10	41.7%
4	Elsevier SDOL	9	37.5%
5	Emerald	8	33.3%
6	金图外文图书	8	33.3%
7	CALIS 外文期刊网	7	29.2%
8	SAGE 期刊全文数据库	7	29.2%
9	剑桥期刊全文数据库	6	25%
10	ACM Digital Library	4	16.7%
合计	有 112 个数据库	<4	<16.7%

从调查各馆引进数据库数据可知，目前广西高等院校引进数据库的类型和中外数据库引进数量的情况，从类型来看，80%以上的图书馆都引进了 CNKI 期刊全文数据库、读秀知识库、CNKI 博硕学位论文、维普中文科技期刊数据库以及超星数字图书馆这五类数据库，相对于其他比较专业的数据库则是个别馆针对本校专业开设情况进行数据库引进。而外文数据引进数量相对于中文数据库则大大减少，外文数据库的引进还普遍存在着信息不能及时更新的问题，部分馆外文数据库引进的时间已经过了时限，没有进行续订，数据库的内容没有得到更新。此外，几乎没有一家图书馆的数字资源建设是专门针对产学研的，对于服务企业信息所需要的信息资源没有得到全馆工作的重视，未形成资源体系。

3.2.3　自建数据库情况调查

此项调查内容只包含文献资源方面自建数据库，对其他类型的自建数据库并未进行调查如学科导航数据库、会议信息数据库等。调查得知，15 家图书馆进行文献资源自建数据库建设，占所有图书馆的 62.5%。选题分布如图 4 所示，除随书光盘外选题最集中的前四类自建库，即地方文化类（19 个）、学位论文类（10 个）、教学参考类（7 个）和特色馆藏类（5 个）。其中，地方文化方面的比例最高（38%），内容具有地方性和民族特色，比如广西师范大学的广西民族民俗资料库、广西语言资料库，广西中医药大学的壮医壮药数据库，广西民族大学的壮学文献库、东盟文献库、壮侗语族文献库，玉林师范学院的桂东南地方文献特色数据库、桂东南特色文化资源网站，河池学院的刘三姐文献库、仫佬族文献数据库，等等[4]。

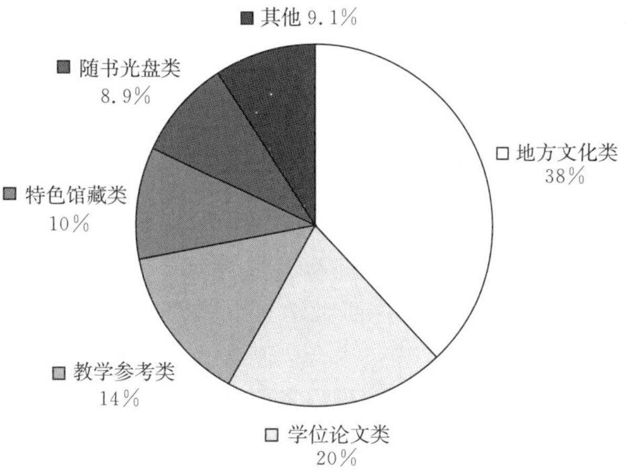

图 4　自建数据库选题统计

3.3　广西壮族自治区内产学研合作情况调查

区内高校大力加强与企业合作的平台建设，目前已形成了具有国家级、省部级、广西高校的重点实验室、工程研究中心等创新平台体系，为产学研合作提供了更好的环境和条件。2007 年，广西大学与南宁市人民政府签订了《南宁市人民政府—广西大学科技合作框架协议》，双方确立长期战略合作关系，并达成产学研合作协议。2009 年，广西大学与南宁市高新技术开发区签订了产学研合作框架协议。自 2008 年 1 月国务院批准实施《广西北部湾经济区发展规划》以来，北部湾经济区以开放合作促进开发建设，吸引了一大批企业进驻北部湾，这些企业的到来为广西高校开展产学研合作提供了合作基础和合作平台。2010 年 3 月，广西壮族自治区人民政府组织了“广西高校服务北部湾行”活动，在这次活动中广西高校与北部湾经济区企业签署了多达 94 项合作协议。如广西师范大学共与北部湾 4 市签订了 8 份产学研合作框架协议书。广西区内高校产学研合作由来已久，不仅形成了北部湾经济开发区和南宁市高新技术开发区产学研合力，在其他领域也逐渐加强力度。如广西财经学院与广西上英集团有限公司共同达成了合作战略、人才培养的协议，广西医科大学与广西药用植物园建立了基于医药的产学研平台，广西民族大学与宜州区签订了双方合作项目的框架协议，广西大学与广西贵糖股份有限公司签署了联合开展科学研究攻关事项的合作协议等。可以说广西高校与企业的产学研合作是广西高等院校为地方经济发展提供服务的有效方式。中马钦州产业园的建设，不仅是为中马两国经济的发展带来契机，同时也为区内高校发展提供了机会。高校与企业的合作对促进广西更多产学研合作形成和广西经济发展具有积极影响。中马钦州产业园区的产业导向主要有电子信息、食品加工、生物技术、装备制造、现代服务业以及材料及新材料。区内高校可以根据自身专业优势，与园区形成合作协议，努力实现双赢目标。

3.4 广西区内高校与中马钦州产业园区合作调查

中马钦州产业园自2012年国务院同意设立以来，经过数年努力，2015年底园区“三年打基础”目标基本实现，2016年基本进入“五年见成效”的新阶段，具备了企业和项目“随时入园”的成熟条件。在建设期间，广西区内高等院校十分关注园区发展，多个高校的领导赶赴园区考察参观，谋求园区与高校的合作，很多高校与园区也签署了合作框架协议，双方致力于技术创新、科研创新、产业发展以及人才培养方面的深入合作。

2014年10月，广西大学与中马钦州产业园区签署战略合作框架协议，双方协商后坚持充分发挥双方优势，集合创新各方面资源，以人才培养、学科发展、科研创新三位一体的创新能力提升和基础研究资料和数据的积累为核心构建中国—东盟区域发展协同创新中心，使之成为服务党和政府区域发展的理论与实践研究的重要基地，并协同推进中马钦州产业园区发展相关领域研究[5]。

2016年5月27日广西民族大学与中马钦州产业园区管委会签订共建研究生联合培养基地合作协议。广西民族大学与园区管委会将在产业发展、技术转化、科研创新和人才培养等方面加深合作，并建立研究生实习基地双导师制，共同孵化中马产业学院。待各方面条件完善后，广西民族大学计划在园区建设分校，更进一步加深合作力度及拓展合作领域[6]。

2016年8月，广西民族大学与中马产业园区就《广西民族大学与中马产业园区合作框架协议》、《广西民族大学与中马产业园区房屋租赁协议》、共建众创基地项目后续工作思路交换意见。广西民族大学与中马钦州产业园区的合作会给学校人才培养、学科转型、校企合作办学等方面带来实质性变革。

2017年2月，广西民族大学相思湖学院与广西中马钦州产业园区投资服务有限公司签订《广西民族大学与中马产业园区合作框架协议》，双方协商有效整合校企资源，积极开展校企合作办学，联合培养创新型人才，实现校企双方共赢目标[7]。

2017年2月，广西师范大学与中国—马来西亚钦州产业园区在“优势互补，资源共享、互惠双赢、共同发展”的良好基础上，与中国—东盟创新创业学院、中国—东盟文化创意产业园和文化艺术交流中心、东盟药用资源国际联合研发中心、园区第一中小学等项目签订了合作框架协议；产学研合作方面涉及生物仪器装备、食品加工、现代中药和电子信息及节能环保等产业的合作[8]。

2017年3月，北部湾职业技术学校与中马产业园广西鑫德利科技股份有限公司商洽校企合作协议[9]。

4 广西高等院校图书馆协同中马钦州产业园构建产学研信息平台的制约因素

产学研合作涉及多个层面，面临的问题也层出不穷，企业注重产出效益，高等院校面临科技研发和人才培养挑战，合作过程对问题解决的思维和角度不同。而高等院校图书馆在这个过程中面临的问题主要体现在以下几个方面。

4.1 广西高等院校图书馆缺乏主动服务意识，企业信息服务宣传不足

高等院校图书馆长期在封闭模式下运行，其职责定位于为高校教学和科研提供服务，思想比较保守，只要保证自身职责完成即可，并没有认识到面对产学研合作这个环境，应该主动提高相关信息服务。现在很多高等院校推动产学研合作是以院（系）的教师和科研人员为主，给各院（系）下达有任务指标要求并与年度的考核挂钩，规定要进账多少经费、签订几项合同、建立若干实习基地等等，各院（系）又将指标层层分解到人头[10]。高等院校图书馆服务企业意识及水平不高主要存在两个原因。第一，其传统的服务思想和管理体制是面向企业开展信息服务的重要原因，高等院校图书馆一直秉承着为本校师生服务的理念，这个传统思想使得馆员们认为只要做好服务本校师生的信息服务工作即可，如果面向企业开展服务，势必会增加工作内容和分散精力，进而影响到服务本校师生的正常工作。第二，由于管理体制问题，馆员的知识结构未形成体系化，高等院校图书馆人才引进尚未得到重视。馆员专业咨询方面所需技术掌握不到位，整体水平参差不齐，甚至未意识到应该主动提高自身信息素养水平，利用丰富的馆藏资源为企业提供服务，同时企业与学校师生的信息需求不同，馆员也难以了解企业信息需求的内容。产学研合作直接对接各院系和科研工作者，高校并没有直接给图书馆提出要求，而图书馆缺乏主动为校企合作提供信息服务，未意识到服务产学研合作的重要性。另外，调查研究表明高校图书馆企业信息服务在实践的路上还需努力。笔者在中马钦州产业园区企业获取信息的主要渠道调查表明，园区和企业几乎没有从图书馆获取到信息，甚至不了解合作的院校图书馆有这方面的服务。高等院校图书馆在企业信息服务的宣传有待加强，对于服务社会职能需要进一步打造出良好形象，为高校走出校园、为社会服务、提供企业信息服务做出应有的贡献。

4.2 广西区高等院校图书馆企业信息服务能力发挥受限

高校图书馆资源建设基本依据高校设置的学科和专业进行文献采购，高校图书馆经费十分有限，在满足本校教学和科研发展所需的资源建设之后才能考虑建设对外服务的资源建设，特别是针对企业信息服务的资源相对昂贵，在资金上高校图书馆未设置专项经费针对产学研合作项目资源建设投入，而产学研合作信息需求有别于高校教学和一般科研信息需求，企业需求倾向于市场动态、行业信息、专利分析、科技查新等竞争性情报信息。而这些信息的获取都需要资金的支撑，图书馆受经费制约，很多服务未能开展。从广西地区高等院校图书馆数字资源建设的调查中显示，高等院校图书馆的资源建设主要的方向是教学、科研，针对产学研方面的数据库建设相对较少，甚至缺乏人、财、物等建设的条件。高等院校图书馆开展企业信息服务和建设产学研信息平台的最主要制约因素之一便是能力发挥受到限制。目前，高等院校越来越重视多学科、跨学科、复合型人才的引进，学历的要求也日渐增高，但是只有人才没有资源也是“巧妇难为无米之炊”。

4.3 广西地区高等院校图书馆信息服务局限

虽然广西地区很多高等院校图书馆已经对校外读者开放，但是对外开放仍然有一定的限制。体现在：其一，校外读者需开具身份证明、办理临时卡需缴纳一定手续费用等；其

二，对校外读者服务的内容也是查阅，不能外借；其三，高校图书馆提供的服务内容主要以文献传递、代查代检、参考咨询等基础性信息服务为主，缺乏专利分析、市场动态信息、竞争情报分析等创新性信息服务。

4.4 广西地区高等院校图书馆缺乏对园区企业的了解

广西地区高等院校虽然已经十分关注中马产业园的建设，与园区也达成了各方面的合作协议，但是基于校企合作、校地合作、产学研合作的信息对于高等院校图书馆而言并没有直接的利害关系，作为辅助教学机构图书馆因受到传统服务理念影响，仍然缺乏走出校园，为学校开展产学研合作提供信息服务的先进理念，也因此导致了高校对产学研合作对象，特别是企业了解甚少。第一，广西地区高等院校图书馆对中马钦州产业园区的了解不多，对于园区的发展规划、园区目标、园区重点产业导向的了解还需要进一步了解；缺乏对园区企业文化的了解，缺乏对园区产业体系发展规划的全面了解。第二，中马钦州产业园区企业与高校合作较少，虽然目前区内已经有一些高校与园区达成了合作协议，但是与企业的合作仍然比较少，企业获取信息的渠道比较依赖相关咨询机构，较少利用高等院校图书馆，他们也认为高校图书馆对市场和产业信息的了解比不上相关咨询机构。

5 建议

5.1 主动寻求解决问题途径，打造服务品牌

5.1.1 充分利用本校师生资源，提高服务水平

高校图书馆馆员能力毕竟有限，在做好本校教学和科研服务工作的情况下已不能保证有能力对企业提供信息服务，而且企业的信息需求要求比较高，因此仅仅依靠馆员的力量为企业开展信息服务比较困难。而高校是各专业领域人才的聚集地，高校图书馆应该充分利用本校师资力量，与各专业教师合作，邀请他们参与图书馆服务企业的工作中。高校图书馆通过组建信息咨询专门小组，聘请本校与企业相关的专业教师作为专家顾问，他们拥有丰富的理论经验，对于指导企业产品理论和技术十分有利，同时应重视对该小组成员业务能力的培训，提升馆员企业信息服务能力，提高服务水平。如广西大学在生物技术和食品加工以及材料与新材料领域拥有高层次人才，还有泛北部湾特色资源加工新技术学科群和中国一东盟经贸合作与发展研究学科群等211工程重点建设学科的专家学者，而生物技术、食品加工、材料及新材料是中马钦州产业园的产业导向。这些领域的专家学者了解产业的发展，利用这些人才资源对图书馆开展服务企业工作具有事半功倍的效果。

5.1.2 加强与园区的沟通，了解企业信息需求

高校图书馆应主动与中马钦州产业园区管理委员会进行沟通联系，了解企业相关信息，分析其信息需求。图书馆可以通过开展课题研究的方式，围绕中马钦州产业园信息分析与预测主题向本校教师和研究生开展课题申报项目，通过课题的形式深入产业园区调查企业信息需求，多方位深层次了解企业发展。图书馆还可以作为企业与高校合作的信息中介，为校企合作提供信息方面的咨询，通过中介身份主动与企业沟通，深入了解企业的信

息需求。同时也注重向企业宣传推广高校图书馆企业信息服务，让企业了解图书馆信息服务，做好双方互相了解的基础工作。针对企业信息需求，加强信息资源整合，高校图书馆应根据企业信息需求，结合本馆资源优化组织各类信息资源，通过对信息序化整合开发出对企业有价值的信息产品，如向企业及时提供时效性的市场信息报告，竞争环境分析报告等。

（1）研发基础科研数据的需求。如广西慧宝源医药科技有限公司在中马钦州产业园区正着力打造国家医药创新园作为龙头企业，重点推进中药现代化和国际化，致力搭建中国—东盟植物药天然药研究与产业化平台。目前，广西慧宝源医药科技有限公司正在着力研发中药 ZAG019/018 胶囊及复方 H003 控糖系列产品。针对该企业研发，高校图书馆可以结合本校特色专业资源建设，为企业提供研发基础科研数据。

（2）市场信息需求。如鑫德利科技股份有限公司的 3D 曲面玻璃的市场需求，鑫德利生产加工的产品主要供应给华为、TARGET（塔吉特公司）、VERIZON（威瑞森电信）、VODAFONE（沃达丰）、OPPO、VIVO、乐视等大型移动设备生产商和经销商。鑫德利作为中外合资企业，目前在美国亚特兰大、香港、深圳、钦州等地设有 10 多个工厂，产品的 90%主要销往美国、欧洲等地，通过韩国三星客户与越南手机生产基地的关系，产品也将进入越南市场。中马钦州产业园区“中马合作旗舰项目和中国—东盟合作示范区”等战略定位，有利于鑫德利更进一步开拓东盟市场。

（3）宏观与微观政策利好信息需求。入驻企业都需要掌握国家相关政策及地方政策，对于这方面的需求高校图书馆可以结合园区建设政策如土地政策、税收政策、人才政策、金融政策等进行系统整合，并且针对各类型产业集群分析。

5.2 建立图书馆产学研合作服务中心，加强与园区管理委员会的联系

由于当前高校图书馆信息服务部门的设置基本统一服务本馆整体咨询服务工作，未针对产学研合作组建专门工作小组，这也是导致服务产学研合作开展不顺利的原因之一，因此高校图书馆应建立产学研信息服务中心，建立工作责任制，由专人负责中心分派的工作，激励馆员主动积极完成工作。该中心下设有对外联络部、资源建设部、咨询服务部和技术部。该中心主任负责整体工作部署等相关工作。对外联络部主要是与学校产学研合作部门以及合作企业联系，了解合作项目，深入调查项目事项，分析校企合作中双方所需要的信息服务，及时向其他部门反馈信息，把任务分配到具体部门执行。对外联络部不是单向联系，承担着园区、企业和高校图书馆沟通桥梁职责，同时也是图书馆与学校产学研合作部门沟通联系的纽带，在沟通联系中加强了解园区信息、企业发展信息，技术攻关、市场前景及企业文化等各方面的信息，需要主动了解企业信息需求，把企业信息需求反馈给资源建设部、咨询服务部等相关部门，为信息服务做好基础工作。资源建设部负责相关资源整合，咨询服务部负责信息咨询、推送等工作，技术部为产学研合作项目提供软硬件支撑。各部门职责明确，及时沟通从而为产学研合作提供有效的信息服务。此外，产学研合作服务中心应形成线上线下宣传服务体系，主要是通过新媒体向校外的合作对象宣传，把产学研信息及时传达企业和园区，加强与园区管理委员会的联系，通过管理委员会把产学研信息服务平台更好推广。

5.3 多方联合建设信息资源体系，共建产学研信息资源平台

高校图书馆产学研信息服务中心资源建设部针对合作项目的专业教学素材、学术期刊、企业发展需求方面的资源进行采购、整合资源，既满足本校教学需求，又保证满足企业信息需求的时效性和专业性。通过联合资源整理分配，建立本校的特色学科教学素材数据库、重点学科数据库、科研成果数据库、产学研结合合作数据库，逐步建起一系列具有特色、专题化的数据库，打造学校联合企业产学研合作的重要纽带，形成以科技信息为主体，融合政治经济、社会文化、企业文化等学科，构建多学科知识为一体的综合信息保障平台[11]。

5.3.1 馆藏信息资源整合利用

在实体馆藏资源上进行有效整合，纸质图书、期刊、光盘磁带等资源进行整理分类，形成产学研结合特色的实体资源，对于专业数据库、自建数据库和电子图书及其他网络资源根据产学研合作项目建立特色虚拟馆藏。面向产学研合作馆藏信息资源整合便于建设产学研信息服务平台，是该平台数据支撑之一（图 5）。

5.3.2 协同建设信息资源体系

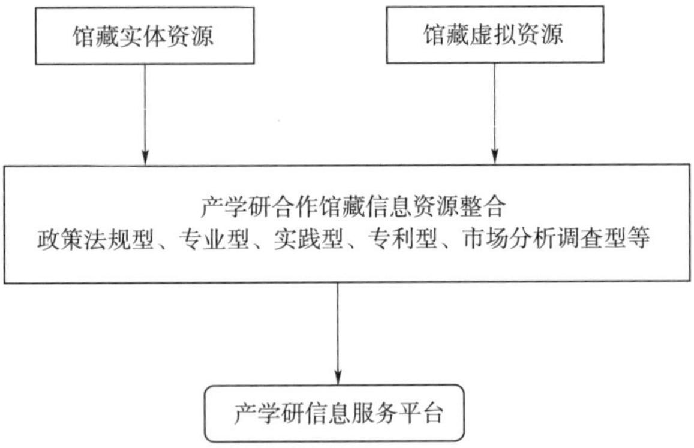

图 5　面向产学研结合的馆藏信息资源的整合

信息资源是信息服务的基础，产学研信息服务不能仅依靠个体高校图书馆，单个图书馆人、财、物各方面资源不足都不利于服务产学研合作。2007 年《全国图书馆企业信息服务苏州宣言》提出：全国各级各类图书馆应以资源为基础，以需求为导向，以客户为中心，以技术为保障，积极开展面向企业的信息服务[12]。高校图书馆应加强与地方政府、地区公共图书馆、行业协会和文献情报机构的联盟，打造多组织企业信息协同服务系统，建设集政策信息、文献信息、行业信息、公共服务信息、科学数据和知识产权信息于一体的信息资源保障平台，构建面向战略新兴企业的信息资源保障体系[13]。高校图书馆产学研信息服务中心作为牵头单位，联合兄弟院校图书馆和其他图情机构共建产学研合作信息资源体系，根据产学研合作专业和学科发展，建立产学研和地方特色产业数据库，为产学研服务平台提供信息支撑[14]。

5.4 协同构建产学研信息服务平台

信息服务平台是一个功能齐全、操作便捷、实用高效的信息交互平台，能够满足不同人群在不同信息供需阶段的实际需要，保证信息的高效流转[15]。笔者认为高校图书馆构建产学研信息服务平台可从如图 6 所示的几个方向考虑。

5.4.1 生产信息模块

该模块从合作企业角度出发，提供企业产品需求相关信息。生产信息模块主要包括市

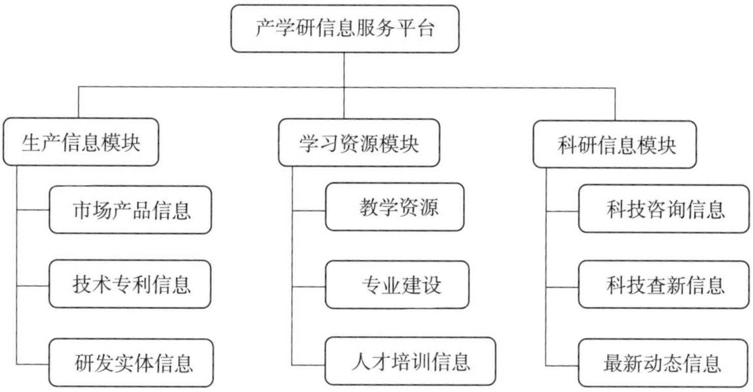

图 6　产学研信息服务平台结构图

场产品信息、技术专利信息和研发实体信息三大信息服务，市场产品信息平台包括同类产品或相似产品的市场需求信息、价格变动信息、产品购买调查情况等相关市场信息。市场产品信息平台主要为企业提供产品竞争情报，为企业掌握第一手市场信息提供获取途径。此外也提供产品销售市场信息，竞争对手产品销售渠道信息，竞争对手的产品、销售等信息。技术专利平台包括专利申请信息、技术攻关信息、新产品技术、新材料设备等信息，为校企合作项目提供技术专利方面信息，促使双方合作顺利开展。研发实体平台主要介绍相关产品研发人员信息，研究人员课题申请方向以及科技成果转化信息，通过研发人员的了解，有利于校企双方针对课题项目合作。

5.4.2　学习资源模块

该模块设计目标是为在校师生及合作企业提供教学、自学以及培训方面的资源。学习资源模块由教学资源平台、专业建设平台和人才培训信息平台构成，其中教学资源包含教师课件、相关视频资料、相关工具书、软件使用教程、教学参考书目等资源。专业建设平台主要围绕校企合作对口专业建设相关信息。如相关专业人才培养方案、专业人才需求、专业师资力量、该专业研究领域突出优势、专业优秀论文资源、国家相关领域法规政策以及其他学校该专业建设信息等资源。而人才培训信息平台则提供企业员工培训信息，专业领域相关会议信息、企业实习需求、人才招聘信息。通过该模块资源建设，高校图书馆针对性为产学研合作开设绿色服务通道，在企业和学校间搭起信息互通桥梁，消除校企间信息不对称现象。

5.4.3　科研信息模块

该模块以满足高校研究者和产学研合作企业的科研信息需求为主，对合作专业领域的科研动态信息进行整合提供服务。科研信息模块由科技咨询信息平台、科技查新信息平台及最新动态信息平台组成。科技咨询平台可为企业科研人员和高校教师的课题研究提供咨询服务，包括规划论证、工程设计、技术引进、技术改造、科技创新等项目可行性分析信息服务。科技查新信息平台为企业和高校教师提供科技查新服务。最新动态信息平台则主要提供行业动态、科研最新发展、国内外科研成果转化信息、合作项目科研进展以及国家各级政府政策导向等信息服务。

6 结语

广西地区高等院校图书馆主动追赶时代发展潮流和紧跟信息技术发展的步伐，力求自身可持续发展，努力把握中马钦州产业园发展规划建设这个时机，争取发挥优势，取长补短，面向企业开展信息服务，打造具有特色服务产学研合作平台，推动中国—东盟自由贸易区发展，促进广西经济发展，实现高校图书馆与企业双赢。广西高等院校图书馆在产学研合作下如何发挥作用，提高产学研合作信息服务水平，促进高校和当地的经济和科技创新发展，必须审视服务观念、馆藏建设、工作机制等问题。在高新信息技术的快速发展背景下，通过对自身拥有的信息资源开展整合、优化馆藏结构的基础上，积极联合其他院校图书馆及其他机构共建信息资源体系，构建产学研信息服务平台为产学研合作提供教学科研服务，也为当地经济发展贡献力量。此项目通过调查分析广西区内高等院校图书馆协同中马钦州产业园构建产学研信息平台面临的制约因素，探讨解决的方法途径，期望能够为广西区内产学研合作发展有所帮助。由于笔者水平有限、本次项目研究时间较短等主客观因素的影响，研究成果依然存在许多不足。在今后的研究中会更加注意权衡各方因素，努力做好相关准备和调研工作，加强调查数据的真实性和整理分析。

参 考 文 献

[1] 帕提曼．高校图书馆向社会开放：被误读的取向 [J]. 图书情报工作，2010，54 (19)：133 - 136.

[2] 苏秋侠．大学图书馆参与城市文化建设研究 [J]. 农业图书情报学刊，2017，29 (1)：86 - 88.

[3] 黄春燕．广西高校图书馆数字资源建设现状调查分析——兼谈西部高校图书馆数字资源建设对策 [J]. 图书馆学刊，2014，36 (12)：43 - 47.

[4] 徐军燕，王珊．广西高校图书馆特色资源建设调查与分析 [J]. 河南图书馆学刊，2014，34 (12)：53 - 55.

[5] 中马钦州产业园区管委会与我校签署战略合作框架协议 (2014 - 10 - 30). 广西大学 http：//www. gxu. edu. cn/Item/11570. aspx (2017 - 10 - 20).

[6] 广西民族大学：中马钦州产业园区与广西民族大学协商合作事宜 http：//www. qip. gov. cn/News/Detail/3355047b - 8538 - 45ae - b6fb - a906c147ac6e (2017 - 10 - 20).

[7] 我院与广西中马钦州产业园区投资服务有限公司签订《合作框架协议》. 广西民族大学相思湖学院 Xiangsihu College of Guangxi University for Nationalities http：//xshxy. gxun. edu. cn/info/1032/10215. htm (2017 - 10 - 20).

[8] 我校与中马钦州产业园区深化洽谈合作事宜. 广西师范大学新闻网 http：//news. gxnu. edu. cn/detail/1236f21efd7f4d798652d8d52f1c8517 (2017 - 10 - 20).

[9] 北部湾职业技术学校领导到钦州中马产业园考察调研 http：//snapshot. sogoucdn. com/websnapshot? ie=utf8&url=http% (2017 - 10 - 20).

[10] 卢慧．高校图书馆开展产学研合作存在的问题与对策研究．[J]. 湖南工程学院学报，2011 (21)：124 - 126.

[11] 陈平华．基于产学研结合的高职院校图书馆信息服务平台与体系构建．[J]. 情报探索，2011 (8)：38.

[12] 刘晨，张红霞．《全国图书馆企业信息服务苏州宣言》解读之我见 —— 结合海南省教育厅科研资助项目研究之发现．[J]. 图书馆建设，2008，(10)：93 - 95，98.

[13] 董坚峰，张玉峰，唐涛．网络环境下企业持续性情报保障研究．[J]. 情报理论与实践，2009，(1)：96－99.
[14] 王芙容，吴小玲．产学研合作视角下新建本科院校图书馆创新服务研究 [J]. 情报探索，2014 (6)：122－124.
[15] 张小微．基于 Web2.0 的高校图书馆企业信息服务平台构建 [J]. 图书馆研究，2014，44 (2)：90－93.

04 信息服务

面向中国—马来西亚产业经济合作的信息服务研究

肖龙翔

（广西民族大学管理学院，广西 南宁 530006）

摘 要： 中国—马来西亚钦州产业园区作为中马两国经贸合作的桥梁，园区的不断发展使得园区内企业与部门对于经贸信息的需求日益增加。但目前，园区的信息服务工作仍存在着一定的不足。本文在充分分析中马钦州产业园区信息服务现状及园区的信息需求的前提之下，探讨了更好地为中马钦州产业园区提供信息服务的措施，并分析与设计了构建面向中国—马来西亚产业园区的信息共享服务平台的相关步骤。

关键词： 中国马来西亚产业园区；信息服务；经贸合作

1 项目背景与意义

1.1 项目来源

本研究来源于广西民族大学“中国—马来西亚产业经济合作信息分析与预测”项目。中国—马来西亚钦州产业园区为我国政府与外国政府共建的第 3 个国际园区。早在 2011 年 4 月，在中国与东盟建立对话关系 20 周年之际，时任国务院总理温家宝访问马来西亚时就与马来西亚总理纳吉布达成双方共建中国—马来西亚钦州产业园区的共识。2012 年 3 月，国务院批复设立中马钦州产业园区。经过多年的建设，园区已基本形成产业和城市配套服务功能，50 余个项目相继入园，园区框架基本形成。随着园区的不断发展，园区内企业与部门的信息需求必然不断增加。然而由于信息服务部门的相对独立性和信息资源的分散性，使得很多企业无法独立的快速获取所需的信息，如何最快最好的满足企业的信息需求，是信息服务领域的研究重点。就目前而言，园区的信息需求来源较为单一，需求的满足程度不高，缺乏有效的信息沟通与交流渠道。在此背景之下，如何对园区内各企业与部门的信息需求进行充分分析与深入研究，通过构建统一的信息交流和服务平台，为园区提供所需的信息服务，是未来的重要发展方向。

1.2 研究意义

（1）理论意义。本研究通过针对中国—马来西亚产业园区内各企业和部门的信息需求，通过考察调研与分析研究相结合，以构建统一的信息服务平台为目标，探讨了信息服务的新途径和模式，为信息资源利用与服务提供了一定的理论参考。

（2）实践意义。随着信息时代的发展，信息已成为企业发展与生存的核心资源，是企业战略决策的重要依据。各个企业的多样化和多元化的信息需求需要更高效和更高质的信息服务的支撑。本研究通过对企业信息需求与信息源的分析，根据新形势下信息服务的发展趋势，探索针对中国—马来西亚国家产业园的信息服务整合模式，通过“一站式”的信息服务为企业和园区的发展提供基础。有助于帮助企业和园区及时有效地获取所需信息，更为准确地进行商业机遇的挖掘和计划决策制定，具有重要的现实意义和实践意义。

1.3 研究综述

1.3.1 企业信息需求综述

随着经济全球化发展的不断深入，市场竞争也日益激烈，企业面临着全新的局面，对信息的需求不断增强。因此，必须更加重视和加强对企业的信息支撑与服务工作，不断提高满足企业信息需求的能力，全面满足企业经济发展各方面的信息需求。

1. 信息需求类型

信息是企业进行生产、经营和管理的依据，是企业竞争和发展的基础，因此，不同企业的信息需求是存在着差异的。分析研究不同企业对不同种类信息的需求情况，可以更科学有效地为企业提供信息服务，针对性地满足企业的信息需求。为了更好地为企业提供更加个性化、专业化的信息服务，必须要深入了解企业对信息需求的动态趋势，才能制定更加专业且有质量的信息服务。靳萌萌、钟永恒对高新区企业信息资源的需求研究得出，企业信息需求类型从宏观上分为研发信息、商务信息、政策信息，并分别对其中一种进行调查分析[1]。于春莉对中小企业信息需求内容研究得出，企业最关心的信息为市场信息、产品研发、技术资料、投资融资、政策法规、竞争情报和人才需求等方面[2]。

（1）研发信息需求。研发信息除了包括在企业科研中利用的科技文献、专利信息、科技成果、科技领域动态等信息，也包含科技基础设施信息，如自然科技资源、科技项目、仪器设备信息，以及关于市场的交易信息、成果信息等。研究中显示，企业对专利信息和科技项目信息的需求度较高，一些企业更关注本领域其他企业的技术研究动态。对于专利信息、科技项目信息的获取不便利，并且时效性难以满足企业的需求。科研动态信息较受关注，获取较为便利；而科技文献、专家信息等较难获取，但需求量较小。目前获取难度与需求程度的差异，也反映出目前科技信息服务的不平衡。

（2）商务信息需求。商务信息可以分为金融信息、场频信息、竞争情报信息、市场信息。就信息需求方面而言，市场信息是企业研发是否成功的关键信息，所以企业有很高的市场信息需求，目前网络的发达使得企业获取市场信息变得轻松便利，但是，能够很大的把握市场信息的前瞻性更是企业所需要的。“知己知彼，百战百胜”，所以企业对竞争对手信息的需求仅次于对市场信息的需求程度，但是其对竞争对手信息的获取是难度最大。企业对于产品信息、金融信息、供求信息的需求量相对较大，对于公司名录的需求相对较少，但是对这些信息的获取程度还是很便利的。

（3）政策信息需求。政策信息可以分为发展鼓励政策、企业发展政策、园区管理政策。大多数企业需要发展激励政策、发展政策信息，为企业的获利和投资带来指导性作用。可见政府的扶持和激励政策对于企业的决策者来说占有很重的地位。但是国家的产业发展激励政策、企业发展政策在信息膨胀和现代技术的结合之下还是存在获取困难的情况。政策信息获取难度较高，需求越高的信息越难以获取。其主要原因是目前太多的杂乱无用信息掺杂在有用信息中，并且很难辨认其真实性，这也是大数据不足之处。

2. 信息获取途径

目前企业信息获取方式主要有搜索引擎、数据库、专业网站。网络是企业重要的信息获取渠道，相关会议、企业间交流等其他方式的信息获取途径也同时存在。但通过情报系统及情报机构的信息获取不多，缺乏与国外公司、集团的信息交流。随着网络的发展，网络信息服务平台服务质量不断提高，信息服务平台和专业信息网站很受企业的欢迎，对政府机构网站利用较少。作为主要信息来源的网络，其信息的真实性与可靠性不能保证，另外，信息服务机构的服务质量较低、企业信息人员缺乏专业培训、信息渠道不畅等原因也为信息的获取造成了困难。

1.3.2 信息服务研究综述

经过在 CNKJ 上对于信息服务及信息服务模式的相关文献检索分析，目前对于信息服务及信息服务模式的研究较多，但观点并不统一，很多方面存在着不同观点，而对于信息服务模式方面，进行相关研究的文献不多，且对于信息服务的模式研究较为分散，没有形成完整的体系。

1. 信息服务的概念

信息服务业就是通过搜集、处理、分析等方式，为用户提供信息资源的行业。陈晨认为，信息服务是将有价值的信息传递给用户，辅助用户解决问题[3]。

2. 信息服务模式

目前的国内外企业信息服务模式，可主要概括为以政府为主的公共信息服务模式，以协会等组织为主的行业信息服务模式，以科研院所、高校为主的科技信息服务模式以及以商业机构为主的信息咨询服务模式 4 种[4]。

3. 信息服务的主要方式

（1）信息推送服务。目前的信息推送服务，主要包括通过人工的信息推送及智能的自动化推送服务。人工的推送是指由人工针对用户的需求进行检索，并按时推送至用户。自动化的推送是指在用户选择所需的信息类型后，系统自动进行检索与实时推送。

（2）信息定制服务。个性化信息定制服务包括内容定制、界面定制、服务定制、检索定制及提示型定制。用户按照个人的偏好来定制个性化的资源与服务。最终实现差异化、精准化的信息服务。

（3）垂直门户。垂直门户是相对于水平门户而言的。水平门户是综合性的信息服务，追求的是全面，是涵盖所有类型、所有方面的信息的集合。而垂直门户指的是仅仅针对某一领域或者某一类的需求，搜集和整合互联网上一个主题的所有信息，在处理与挖掘之后推送给用户的模式。垂直门户可以满足用户更为具体、更为精确的信息需求。

4. 对信息服务的研究

目前对于信息服务的研究，主要呈现以下特点：①针对信息服务的理论研究较多，而针对实际应用的研究相对较少，多注重探讨信息服务的内容与方法等，涉及实际的信息服务模式与途径的文章不多。②对于信息服务的模式与途径研究，多为单一的案例分析或单一的模式途径研究，缺少综合全面的模式途径总结研究。

1.3.3 信息共享服务平台研究现状

笔者以CNKI数据库为数据源，以“信息服务平台”为检索词，“主题”为检索途径，检索出23，596篇文献，涵盖28个学科。其中，文献数量1000篇以上的学科有：计算机软件及计算机应用、图书情报与数字图书馆、信息经济与邮政经济、农业经济、自然地理学和测绘学以及宏观经济管理与可持续发展。再以“企业服务”为检索词，进行第二次检索，相关文献数量为2955篇，将检索出的文献按照内容分为企业移动信息服务平台构建、企业公共信息服务平台构建、企业科技信息服务平台构建以及企业金融信息服务平台构建4个方面，具有代表性的观点与内容如下。

1. 企业移动信息服务平台构建

在企业移动信息服务平台构建方面，最具代表性的观点是杨衍于2012年提出的泛在化移动信息服务平台构建，论述了移动信息服务平台的产生与发展过程，结合泛在化移动信息服务平台的特点与优势提出了构建泛在化移动信息服务平台的方式。泛在化移动信息服务平台将泛在的周边设备与协同网络充分融合，把用户从时间、空间、物理、地理等种种限制中解放出来，为人们呈现出高度融合、无缝透明、新颖灵活的个性化服务模式，进而改变了人们的学习、工作、生活方式[5]。

2. 企业公共信息服务平台构建

在企业公共信息服务平台构建方面，2010年，李恒智针对中小企业的信息需求，提出了公共信息服务平台的构建思路，对系统架构进行了设计，给出了中小企业公共信息服务平台的总体框架和实现机制[6]。2013年，洪超等设计了一种中小企业信息化云平台，可提供科学系统的云计算、云存储服务，可以提升中小企业的信息化水平，减少重复投资，促进中小企业发展[7]。2014年，倪巍对厦门中小企业公共信息服务平台建设情况进行了介绍，并结合厦门实际为解决当前问题积极寻找对策[8]。

3. 企业科技信息服务平台构建

在企业科技信息服务平台构建方面，2009年，张晓慧就建设科技信息咨询服务平台的重要性、服务平台的特点、平台服务的主要范围、平台的运转模式以及平台建设对中小企业的作用进行了简要论述[9]。2010年，蔡晓睿结合目前信息服务的现状与问题，对国内信息服务平台提出了建议[10]。2016年，李丹等从效能优化的角度对吉林34家科技企业的效能进行了计算，提出了促进农业信息服务平台构建的针对性措施[11]。

4. 企业金融信息服务平台构建

在企业金融信息服务平台构建方面，2013年，张燕在分析我国金融信息平台现状、运营模式的基础上，从实践的角度出发，提出区域科技金融信息服务平台的发展分析[12]。2017年，刘斌结合目前大数据环境的时代背景，设计了融合大数据分析与处理的信息服务平台，可为用户提供精确、实时的信息服务[13]。2016年杨智慧、肖志源针对信息服务主体与信息需求主体间信息不对称的问题，提供更为高效与合理的信息服务平台构建方法[14]。

而就目前而言，尚未有人对中国—马来西亚钦州产业园区的信息服务进行系统的分析与研究。

2 研究目标

本研究主要在中国—马来西亚产业园区不断发展的背景之下，以目前园区内的信息服务不完善，仍有很多问题的基础上，采用跨学科的研究方法，充分利用管理学、图书馆学、情报学、经济学等学科的学科知识与理论，以更好地为产业园区提供信息服务，更好地满足产业园区的信息需求为主要目的，通过统一的信息共享与服务平台的构建更好地促进产业园区的信息沟通与交流，为产业园区的经济发展提供支撑。

（1）了解目前中国—马来西亚产业园区内信息服务的现状。通过实地调研与文献分析，研究目前园区内的主要信息服务内容与信息源，分析目前信息需求的满足效果，找出所需要解决的问题与不足。

（2）通过调研，分析目前中国—马来西亚产业园区内主要的信息服务模式并结合园区目前主要的信息需求，探索未来最适合园区发展的信息服务模式。

（3）分析与设计统一的中国—马来西亚产业园区信息服务平台，通过一站式的平台为园区提供综合的信息服务。

3 拟解决的关键问题

（1）通过实地的调研和分析，探索中国—马来西亚产业园区内主要的信息服务现状和目前园区内企业和管理部门主要的信息需求。

（2）分析和找寻目前园区内信息服务的一些问题和不足，造成这些问题和不足的原因，以及更为优化和合理的信息服务的模式。

（3）面向中国—马来西亚产业园区的统一的信息服务平台的构建。

4 项目研究分析

4.1 中国—马来西亚产业园区的信息服务现状研究

4.1.1 信息服务主体现状分析

中国—马来西亚产业园区信息服务的信息包括园区内产生的信息以及园区所需的其他各类信息两个部分。在园区之内，每天甚至每秒都产生着大量的信息，包括园区的企业材料需求信息、园区招商引资信息、园区企业的招聘信息等。园区之外的其他各类信息，则包括科技信息、市场信息、政策法规信息等对园区内部的运营及对园区内企业的发展有益的信息。这些信息毫无疑问蕴藏着巨大的价值，如妥善地加以利用，会给园区的发展带来很大的帮助，那么将这些多来源、多种类、多层次的信息加以整合与集成，将这些信息提供给有需求的客体，就需要一个特定的部门或机构作为服务的主体来提供统一的信息服务。

就目前而言，园区的信息服务主要是由产业园区的办公室及各单位通过中国—马来西亚钦州产业园区门户网站这一平台提供的，在现阶段暂时没有独立的信息服务部门的现状下，由园区办公室及园区各部门的办公室代理园区的信息服务工作。园区将与各部门相关的信息服务工作交由园区办公室或园区下属各部门办公室处理，由各办公室的办公人员兼职作为园区的信息服务人员开展信息服务工作。

4.1.2 信息服务客体现状分析

无论是园区职能部门为了更好地实现对园区的各项管理与服务，还是园区内企业为了更好地实现自身的生产与发展，都需要大量的信息来作为支撑。与园区有关的各类信息，也有着众多的需求客体。

园区的有关管理部门主要负责园区各项事务的宏观管理与决策研究，它对于信息服务的需求主要在于宏观的把握和分析与园区发展相关的情况，通过对这些信息进行科学、有效的预测与分析，研究与制定园区的有关规定，更好地促进园区的发展。包括发展战略信息、人事管理信息、思想政治信息在内的管理信息以及工商法、进出口法规在内的法律信息和税务政策、劳务政策、贷款政策在内的政策信息以及国家战略决策规划信息都是园区的管理部门所需的、能为其工作带来有效帮助的信息。

园区内的企业，在日常的生产与工作中，也需要大量为自身服务的信息。包括专利信息、科研发展动态信息以及国内外技术动向信息在内的科技信息；包括市场环境信息、原材料生产供应信息、产品市场需求信息在内的市场信息；包括竞争对手动态信息、竞争市场环境信息等在内的竞争情报信息，都可以为园区内企业的发展带来帮助。

国内外其他有意与园区有贸易往来的企业，也对园区的信息服务有着一定的需求，如园区提供的园区内企业需要的配套材料信息、园区内企业产品的物流需求信息以及园区企业产品的销售商需求信息，都是其他企业获得潜在商机的重要来源，如果能及时、准确获得这些经贸信息，能极大地促进园区内企业和外界的经贸交流与合作，为贸易双方的企业带来可观的经济效益，促进双方的更好发展。

4.1.3 目前问题分析

1. 信息服务的主体不明确

信息服务工作中，承担工作责任，满足企业各项信息服务需求，专门进行各项信息服务工作的个人或部门，称为信息服务的主体。一般来说，信息服务的主体由若干专门的信息服务人员组成一个独立的信息服务部门，负责承担一个企业内部的信息服务工作。专门的信息服务人员与独立完整的信息服务部门可以保障信息服务工作的质量与效率，快速有效地满足企业的信息需求，为企业效率与效益的提升提供保障。

而在中国—马来西亚产业园区内，目前负责园区信息服务工作的园区办公室与各部门办公室均非专门的信息服务部门，在园区日常事项繁多、工作繁忙的情况下，并没有充足的时间和精力完成对园区的信息服务工作，工作的效率与效果无法保证，有时无法及时有效地处理所需完成的信息服务工作，难以对园区内企业信息需求的满足与效益的提升起到应有的作用。且目前园区内从事信息服务的工作人员均非专业的信息服务人员，而是由负责其他工作的工作人员兼任的，在忙于完成本职工作的同时有时无暇顾及信息服务工作，作为兼职人员，也存在自身的信息服务意识不足，信息服务的能力与经验欠缺等问题，在完成一些技术难度较高，较为复杂的信息服务工作时无法胜任。种种原因的影响使得目前园区内信息服务工作的效果并没有得到很好发挥，未对园区内企业的发展产生太大的促进作用。

在未来的发展中，园区应统筹安排，在园区内设立独立的信息服务部门，并选拔若干名具有专业的信息服务知识水平，掌握较高信息服务技术的人员作为专门的信息服务人员，专门负责园区的信息服务工作，为园区信息服务价值与作用的更好发挥提供保障，也更好促进园区内企业及园区整体的更好发展。

2. 信息服务的水平与效率较低

作为企业获得效益的支撑性工作，信息服务的效果对企业效益有着重要的影响。而不同水平不同层次的信息服务对企业的发展也有着不用的促进作用。普通的如信息提供、信息发布等信息服务可以帮助企业提升工作效率、更好地与外界进行信息沟通，获得更多的商业合作机会。更高层次的如大数据分析、决策支持分析、情报搜集等类型的信息服务则可以从宏观上帮助企业更好地进行发展路径规划，发现潜在商机、进行方案评估等，帮助企业选择一定时期内的发展方向。

目前园区内的信息服务工作仅局限于低水平的普通工作，无法以高质量的信息服务工作水平促进园区企业效益的更好提升以及园区整体的更好发展。经验的缺乏、人员的不足、基础设施的不完善以及重视程度不够等多种原因造成了现有的条件不能满足高水平信息服务的需求，难以发挥信息服务工作对企业发展的最大作用。

可以看出，目前中国—马来西亚产业园区的信息服务水平与效率较低，无法全面发挥信息服务工作的重要价值，只有更好的统筹园区的信息服务工作，明确职能部门，安排专门技术人员，才能将信息服务工作的巨大价值更好发挥，为园区内企业及园区的发展提供帮助。

3. 信息服务的统一平台尚未建立

在一个组织日常的信息服务工作中，会获得并产生大量的信息，这些信息具有较高的利用价值，如能将这些有用信息及时有效地发布，被所需的部门单位获取，便可能带来较高的商业价值，为提高企业的利润提供帮助。通常而言，这些信息的及时发布，需要一个统一科学的信息平台，以便于信息发布与获取双方更有效的交流，并且通过信息服务平台，提供信息查询、在线咨询等多种服务，提高信息服务工作的服务水平与服务效果。

在目前的中国—马来西亚产业园区内，尚未构建统一的信息服务平台，而是借助园区的官方网站提供一定的信息发布功能。在网站上，会有一些园区政策、信息咨询、招聘公告、招商引资等信息的公布，供所需要的个人或企业查询，园区会定期地更新或发布相关的信息，这种信息服务方式依托产业园区门户网站这个平台，搭建起了园区与外界的信息桥梁，有效地促进了园区信息的传播与利用，为园区的发展带来了很多帮助。但就目前而言，以网站为主要载体，以园区相关部门为主体的现状也存在着一定的不足。如发布在网站上的信息与网站上的其他内容混在一起，对用户对信息的检索和查询带来了一定不便；园区有关部门对信息的整合与处理，以更利于检索，更利于利用的方式进行发布的能力不足，缺乏相关的技术和手段，不利于对信息的有效利用。在之后的发展中，园区应有效建立统一的信息服务平台，以更高水平的信息服务为园区的更好发展提供助力。

4.2 中国—马来西亚产业园区的信息需求分析研究

4.2.1 园区内企业与部门的需求特点研究

1. 广泛多样性

随着经济全球化的发展以及知识经济时代的到来，企业的竞争对象已不仅局限于国内，而是拓展到全世界的范围。管理、技术以及资本等均成为新时期企业间的竞争项目，直接影响着企业的生存。因此，在新形势下，企业的信息需求也在发生变化，企业更加注重创新型的知识信息，且需要更为全面、系统的信息提供。此外，企业的需求也向电子信息、网络信息方向转变。

作为以高科技企业集群为代表的中国—马来西亚产业园区，园区内的企业处于企业竞争的角度，需要与自身领域相关的更新、更全面、更多来源的信息，并希望信息服务机构可提供经过整合、分析之后的可直接利用于企业决策的信息，以支撑企业的科技创新，提升自身的市场竞争力。

2. 跨系统性

中国—马来西亚产业园区内的企业绝大多数为高新技术企业，在知识经济的环境变革下，企业所需的信息已超越了以往的局限，单一的信息已无法满足企业的需求。新形势下，企业需要社会、经济、文化、生态等角度，融合法律法规、科学技术、金融动态、市场变化、管理思想、产品研发、人才等多方面内容的信息。跨系统的多元化的信息需求，是企业信息需求的新变化。

3. 主动及时性

知识创新的发展依靠科学技术的发展，而科学技术的发展，正处于一个快速变化、与时俱进的状态。一个月甚至一周的时间，都可能产生翻天覆地的变化。因此，谁掌握了最新的技术、最新的信息，谁就掌握了市场的主动权。对企业来说，最关键的就是信息的时效性与及时性。时间就是效益，只有掌握了最新的信息，才能做出最及时有效的决策，获得最大的收益。一瞬间的信息滞后，都可能使企业在竞争中落于下风，造成难以预计的损失。因此，主动及时性是企业信息需求的关键特点，也是企业竞争的关键性因素。

4. 前沿预测性

市场竞争中，科学技术是重要的推动力，而在知识经济时代，更是如此。互联网的发展使得知识的传播与获取更为快速和便捷，为企业的发展创造了条件的同时，也提出了新的难题。企业对于自身领域的经济发展动态以及未来发展，需要从宏观上有一个准确的把握，对于目前世界上最新的技术、理念与观点，最成熟可靠的技术，最困难的瓶颈，以及未来的发展前景，都需要掌握和了解。因此对企业来说，对于自身学科领域的发展前沿动态以及发展趋势的把握，并依此制定最科学的发展策略，以获得市场竞争力，是企业的重要课题。

5. 精准针对性

在市场竞争中，企业的情报信息，是企业竞争力的重要基础。而信息的准确性与真实性，是企业的命脉。如果所获得的信息是虚假的或是存在误差的信息，便会对企业的决策造成较大干扰，误导企业做出错误的决定，从而对企业造成重大的损失。所以，视信息资源如生命的企业，如何从海量的信息中准确地找出最有效且正确的信息，对于企业的发展，具有重要的影响[15]。

4.2.2 园区内企业与部门的需求内容分析

1. 科技信息

高科技企业具有技术密集和知识密集的特点，科技信息是其信息需求内容的重要组成部分。技术进步是提高劳动生产率、增强竞争力的主要途径。但是，我国目前普遍存在科研与生产脱节的现象。据统计，我国每年 1 万多项科技成果，能得到应用的仅占 20%～30%，高科技企业做得稍好但也远非完美。其原因是多方面的，但缺乏信息沟通是一个主要因素。而世界经济强国日本，近 20 年来花费 57 亿美元，引进外国专利和信息，从而有效地促进了经济和技术的发展。

作为中国—马来西亚产业园区的信息服务机构，应学习西方经济发展的经验，搜集更多前沿的科技信息，以服务园区内各企业的更好发展。园区应广泛搜集获取与企业发展有关的科技信息，包括：①掌握有关专利、商标的信息，大力引进先进技术，保护知识产权，以促进科技研发，避免盲目引进和盲目决策；②掌握自身领域的发展动态及最新技术信息，包括新产品开发、新技术、新工艺、新材料等，以及同行业在技术开发、质量管理、设备管理、技术改造等方面的现状和发展趋势；③掌握国内外有关科技会议、技术市场的成果、动向及动态等。总而言之，园区应将科技信息工作渗透到企业生产运营的每一个环节里，为实现园区内企业的技术现代化提供更有效的资料依据。

2. 市场信息

在市场经济条件下，市场是决定经济发展和资源配置的公正裁判。得不到准确的市场需求及其变化的信息，企业就无法合理组织生产经营。园区内的各高科技企业的产品面向世界市场，大面积地参与国际市场的竞争，因此，以为园区内企业提供信息支撑为主要任务的园区信息服务机构，不但应了解本地市场的信息，还需了解全国市场、国际市场信息。这些信息包括：①市场环境信息，主要为宏观形势、市场走向等信息；②与企业有关的各种原材料，零配件的产、供、销信息；③企业产品的市场需求情况及其变化，同类商品的市场价格及其变化，客户对产品的反映及要求；④本企业产品销售情况、产品市场占有率、产品质量、性能、技术持久性等；⑤同行业的技术进步及新产品开发情况，竞争对手的现状及发展趋势，尤其要注意同行业中新兴企业的信息和直接竞争对手的信息，这些都是企业非常重视的竞争情报；⑥金融行情、信贷情报、人才、市场、信息市场的有关信息等。

3. 政策法规信息

政策和法规是国家及各级政府管理、调节经济活动，对各种经济部门和经济实体的行为进行规范和宏观调控的有力武器。政策法规主要有工商法、企业法规、进出口法规、知识产权法规、价格政策、优惠政策、税务政策、劳务政策和银行贷款政策等。园区内的信息服务机构应充分搜集和整理这些信息，并及时有效地提供给园区内的各企业，帮助企业以此作为求生存、求发展的指南和开展经营活动的行为准则，规范自身的商业行为。

4.3 面向中国—马来西亚产业园区的信息服务研究

1. 信息服务机构研究

针对园区内每日产生的大量的信息以及园区每日产生的多种类型的信息需求，为园区提供更好更高质量的信息服务，需要有专业独立的信息服务部门来完成。目前的中国—马来西亚产业园区缺乏专门的信息服务机构、缺乏专门的信息服务人员，对园区内的信息服务质量与水平形成了一定的制约与限制。主动建立专门的园区信息服务机构，是园区内信息服务的基础工作。

2. 信息服务模式研究

（1）以政府为主的公共信息服务模式。对于信息服务而言，政府是必不可少的服务主体。政府所提供的信息服务主要为法律法规信息以及政策信息。政府在提供这类信息方面享有得天独厚的优势。国内各级政府目前也都实现了电子政务，一些省份的政府网站开辟了专门为企业提供信息服务的相关栏目，比如湖南省人民政府网站提供了“企业开办”“投资湖南”等一些面向企业层面的公共信息服务。园区可与所在地的钦州市人民政府或广西壮族自治区政府展开广泛合作，探讨共同建立以政府为主的公共信息服务模式。

（2）以协会等组织为主的行业信息服务模式。行业协会是为企业提供某一特定行业信息源的服务主体，行业协会提供的信息有助于企业管理者了解其所在行业的一般情况，尤其是该行业的现状以及面临的问题，进而可以了解本公司和竞争对手的处境，拟定企业的中长期发展目标。国外一些行业协会组织不仅提供本国行业市场信息，还提供商品进出口信息以及交易信息，从而为企业了解国际市场提供帮助，例如美国零售联合协会为本国企业提供的信息服务。目前国内也有众多全国性的商会、协会组织，如中国粮食行业网和中国蔬菜流通协会等，这些行业性组织为企业熟悉和了解相关行业的国家政策法规、经济和行业动态提供信息服务。

（3）以科研院所、高校为主的科技信息服务模式。科研院所及各大高校，具有众多的技术人才、信息资源（如图书馆）以及科研设备等优势，可为企业提供科研支持，是企业技术发展的重要支撑机构。目前，如我国的中关村、美国的硅谷等众多的科技园、情报所等模式为企业提供信息服务，为企业的发展做出了重要贡献。此外，企业国内的情报研究所以及图书馆都利用其丰富的馆藏信息资源及信息人才，为企业提供有效、个性化的信息服务。园区可以与地方的科研院所或高等院校展开积极合作，借助外界专门的科研力量服务于园区内的各企业，满足园区内企业的信息需求。

（4）以商业中介机构为主的信息咨询服务模式。该模式的信息咨询服务是以商业中介机构为主体，在对信息进行充分搜集与整理的基础上，接受用户的信息需求。商业机构先对用户的信息需求进行分析与研究，通过自身的信息搜集方法，由机构内的信息人才来进行信息的检索。对于检索到的信息，机构先进行高层次的分析，并以信息报告的形式提供给用户，为用户提供个性化、精准化的信息服务。

大数据的特有属性使得以企业为单一主体的信息服务模式，在资金、人力、技术等方面面临着巨大的困境。因此，基于大数据的特点，以及目前制造企业信息服务现状，当前大数据环境下的企业信息服务模式是要构建以政府、科研机构、高校、营利机构和企业自身组成的多元的信息服务体系，实现以用户需求为依据的使用模式和以用户存在问题为依据的解决问题模式的互补[4]。

中国—马来西亚产业园区作为一个国家级经济技术开发区，自身的特有属性决定着园区的信息服务应以政府为主导，依靠政府的领导与统筹优势组织协调园区的信息服务工作，并在政府领导的基础上，促进园区内企业的广泛参与，有利于实现更有针对性更能满足园区实际发展需求的信息服务工作。政企结合的园区信息服务模式在符合园区实际情况的基础上，能最大程度整合园区资源，组织园区信息服务工作，为园区的未来发展做出重要贡献。

3. 信息服务对策研究

企业的市场化进程要求信息服务业加快发展。目前信息服务业的发展还不能完全满足企业的需求，这就是信息服务业发展的空间所在。信息服务业首先要能满足企业的现实需求，进而需要以动态的眼光来看待今后的需求发展。尽管目前企业对信息服务业的有效需求不高，但随着经济的发展，工业化、市场化、信息化的进程加快，信息服务的供需双方日益成熟，企业会转变消费观念，增强信息意识，接受信息服务，这种潜在的信息需求将开辟信息服务业发展的广阔前景。作为信息生产提供者，中马钦州产业园区的信息服务机构要抓住机遇，从以下几方面深挖企业潜在需求，扩大信息服务市场。

（1）深入调查研究企业的信息需求。有效地满足企业的信息需求，前提便是充分掌握和了解企业所需要的信息是什么。企业的特点、企业的相关领域、企业的主要竞争对手、企业的核心技术等信息，均需要前期的调查。此外，还需与企业的相关人员保持持续有效的沟通，了解企业信息需求的变化以及对目前信息服务的意见等，通过对信息需求的准确把握，为下一阶段信息服务的更好开展打下基础。

（2）建设面向企业的信息服务系统。信息服务业依据现有的网络信息系统和企业现有的信息化系统，建设针对企业需求的可嵌入到企业信息化系统中去的服务系统，及时为企业推送所需要的信息产品。企业信息服务系统的构建主要包括以下几个模块：企业信息收集与发布系统、企业信息查询系统、企业信息推送服务系统、企业信息调查咨询服务系统，其中企业信息收集和发布体系的构造是开展企业信息服务的基础，提供各种信息和咨询服务是企业信息服务发展的源泉，利用信息服务系统与企业有机结合起来，为企业提供急需的信息。

（3）为企业提供员工培训服务。信息服务的提供，在依赖对信息的有效收集的同时，也依赖于信息服务人员的信息素质。因此，对信息人员的培训与锻炼至关重要。信息服务部门，可以定期组织一些有关信息服务的培训与会议，并举办与信息服务有关的活动，帮助信息服务人员提高自身素质，更好地完成信息服务工作。网络环境下，信息服务机构还可以利用网络授课的模式，组织信息服务人员在假期或课余时间在网络上进行学习。

（4）加强信息产业人才队伍建设。信息产业人才队伍建设要坚持面向产业和企业实际需求，面向全国重点发展领域，以培养高层次、高水平、高素质的企业经营管理人才、专业技术人才和高技能人才为重点，确立短、中、长期相结合的人才队伍建设计划，逐步构建起与做大做强信息产业相适应的多层次、多渠道、多形式的人才培养体系。此外，企业可积极引进优秀的信息人才，完善企业人才结构，构建高水平的人才队伍，以提升企业的信息服务质量。

4.4 面向中国—马来西亚产业园区的信息共享服务平台研究

1. 信息类型融合研究

中国—马来西亚产业园区的信息，语种间的不同是最重要的差异之一。由于东盟的特殊条件，东盟十国都有着具有本国特色的语言类型，如马来语、越南语、泰语、菲律宾语等。除东盟各国的自身语种之外，多语种的东盟文献资源还包括英语、俄语、日语、葡语等其他语种的有关于东盟的文献资源。因此在实际的收集过程中，信息服务部门会收集到以各种语种形式呈现的文献资源。且由于部分语种的特殊性，除少数专业人士以外，大多数工作人员无法在短时间内读懂大量的信息资源。此外，园区信息也存在着众多的类型，不同类型的信息间的互相转化与融合，也是信息服务的重要前期环节之一。

因此对于这些多语种、多类型信息的融合与处理，需要将收集到的不同语种的信息资源统一翻译为中文格式，再进行汇总与分析处理，为对这方面信息资源有需求的企业或部门提供必要的信息支撑。

2. 信息共享服务平台构建

虽然各类型信息服务主体为企业发展提供了多种途径的信息获取方式，但由于信息主体和信息资源的分散，限制了企业快速、高效地获取各类型信息资源。本文提出的“一站式”企业信息服务模式整合，即整合各类信息服务主体和信息资源，为中马钦州产业园区内的各企业提供单一入口的信息集成服务平台，以此极大地提高企业获取各类信息资源的效率。“一站式”企业信息服务整合模式主要包括 3 个层次，即面向企业的信息集成服务平台、各类型信息资源整合层和各类型信息服务主体的虚拟联合体。

（1）构建信息集成服务平台。集成信息服务平台是为园区内的各企业用户提供“一站式”信息检索的信息门户。通过集成信息服务平台，企业能够获取集行业信息、公共服务信息、科技信息和个性化定制信息为一体的综合性信息资源。信息集成服务平台的建设是基于各类型和各渠道信息资源的整合，而信息资源的整合则需要各信息服务主体之间形成更为有效的虚拟联合体才能提供完善的机制保障。

（2）整合各类型信息资源。对于“一站式”的企业信息服务模式而言，如何融合不同来源、不同类型的信息，是该模式的重要问题。利用信息融合技术，来对异源异构的信息进行融合、处理、分析，为企业、机构提供处理后的信息资源，可帮助企业更有效、更便捷地利用分布在世界各地、以不同形式存在的网络资源。

（3）建立信息服务主体的虚拟联合体。信息资源的有效整合依赖于信息服务主体各机构之间的协作，建立信息服务主体虚拟联合体将为信息资源的共享和整合提供完整的机制保障。虚拟联合体的建立是一项复杂的系统工程，不仅需要技术层面的支持，还需要完善的政策、法律和制度作为保障。所以，在建立信息服务主体虚拟联合体过程中需要理顺各主体之间的相互关系，对信息资源整合过程中多元主体的责任、权力和利益等方面进行处理与协调。同时，要建立相应的保障机制，以规范明确的法律、标准、规则来保障虚拟联合体内信息资源的整合与提供[4]。

5 结语

目前的中马钦州产业园区仍存在信息服务的主体不明确、信息服务水平较低等局限。面向未来，产业园区应在针对性的面向园区信息需求的基础上，建立专门的信息服务机构，充分整合多类型的信息，搭建面向中国—马来西亚产业园区的信息共享服务平台，以更高质量、更高水平的信息服务为园区实现更好的效益发展提供必要的信息支撑。

参 考 文 献

[1] 靳萌萌，钟永恒．高新区企业信息需求调查与分析 [J]. 图书馆理论与实践，2011，(2):55-58.

[2] 于春莉．中小企业信息需求的调查分析 [J]. 情报资料工作，2010，(5)：69-73.

[3] 陈晨．面向自主创新的高新技术企业信息服务市场研究 [D]. 合肥：安徽大学，2012.

[4] 于会萍，周晓兰．一站式企业信息服务模式研究 [J]. 情报探索，2012 (11)：25-26.

[5] 杨衍．泛在化移动信息服务平台的构建 [J]. 图书馆学研究，2012，(13)：47-49，12.

[6] 李恒智．面向中小企业协同创新的公共信息服务平台 [J]. 中国集体经济，2010，(1)：70.

[7] 洪超，王静，夏永泉．中小企业公共信息服务云平台设计 [J]. 软件导刊，2013，(5)：4-6.

[8] 倪巍．厦门中小企业公共信息服务平台建设研究 [J]. 中国经贸导刊，2014，(3)：71-73，78.

[9] 张晓慧．为中小企业建设科技信息咨询的服务平台 [J]. 科技信息，2009，(29)：806.

[10] 蔡晓睿．浅析科技信息服务平台建设方向和意义 [J]. 江苏科技信息，2010，(8)：41-42，52.

[11] 李丹，杨印生，李宁．基于组织效能优化的农业企业科技信息服务平台构建与保障措施研究 [J]. 情报科学，2016，(04)：143-148.

[12] 张燕，王润方，王策，等．科技金融信息服务平台建设的探讨 [J]. 中国科技信息，2013，(23)：214-215.

[13] 刘斌．基于大数据分析和复杂事件处理的金融信息服务平台 [J]. 计算机系统应用，2017，(4)：35-42.

[14] 杨智慧，肖志源．科技金融服务信息合作平台构建及运行研究 [J]. 科学管理研究，2016，(2)：90-94.

[15] 赵雪芹．高新技术企业知识创新信息需求分析 [J]. 现代情报，2012，32 (12)：119-123.

05　信息开发

面向用户的中国—马来西亚合作企业的档案信息资源开发研究

李木兰

（广西民族大学管理学院，广西　南宁　530006）

摘　要：本文通过对中国—马来西亚钦州产业园区和入园企业的档案信息用户的类型、心理进行研究，探讨档案信息用户的类型和心理，对档案信息资源建设和开发的影响。此外，还对档案信息资源建设和档案信息资源开发的现状进行调查研究，指出目前存在的问题，分析成因，最终根据钦州产业园园区的具体实际从宏观和微观方面提出档案信息资源的开发策略。

关键词：面向用户；中国—马来西亚；档案信息资源；开发

1　绪论

1.1　研究背景

项目来源于广西民族大学“中国—马来西亚产业经济合作信息分析与预测”项目。经过几年的建设，园区已基本形成产业和城市配套服务功能，50余个项目相继入园，园区框架基本形成。随着园区的不断发展，园区内企业与部门的档案信息需求也必然与日俱增。然而由于档案信息用户的多样性和档案信息资源的分散性，很多档案信息用户无法独立地快速获取所需的信息，以及时或适时地满足用户的档案信息需求，这将是档案信息资源开发的研究重点。

目前，园区的档案信息资源建设尚未构成体系，档案信息资源分散于园区各部门和企业中，档案信息用户需求不断增加，却又无统一的部门或平台为用户的档案信息需求进行服务；档案信息资源开发尚处于起步阶段。在此背景之下，如何对园区内各企业与部门的档案信息用户需求进行充分分析与深入研究，通过“大档案”导向对各企业档案信息资源进行可持续开发，为园区企业和档案信息用户提供“一站式”的档案信息利用服务，是未来企业的重要发展方向。因此，此研究以此作为研究方向。

1.2 研究意义

1.2.1 理论意义。

此研究以中国—马来西亚产业园区内各企业和部门的用户的信息需求为导向，通过考察调研与分析研究相结合，以构建以人为本的档案信息资源体系和有效开发为目标，探讨了档案信息资源建设和开发的新途径和模式，为档案信息资源的开发利用提供了一定的理论参考。

1.2.2 实践意义

档案信息资源在政府的业务活动中、企业生产和发展中、公众的日常生活中，都具有举足轻重的地位，档案信息资源固有的凭证性、参考性、多维性和再生性等特征，使其在面向档案信息用户的开发和利用中变得错综复杂。档案信息资源开发的目的不仅在于各级政府管理和决策，提高决策能力、管理能力和行政能力；还在于是用于为企业、组织和社会大众提供高效率的服务。

只有把握用户的特征和需求特点，针对不同的用户采取不同的开发模式和途径，搭建成不同维度的档案信息资源开发体系，才能在充分了解和掌握用户需求的基础上运用不同的策略，为中国—马来西亚合作企业提供具有针对性的档案信息资源开发途径和方法，以在满足各类档案信息用户需求的基础上促进企业科学的可持续发展。

1.3 研究综述

1.3.1 对档案信息用户的研究

信息用户是指一切能够利用信息资源的单位集体或个人，他们在科研、生产、技术、管理及其他各项活动中利用信息资源。

档案用户是档案利用工作的服务对象，是档案价值的体现者，利用工作的各个环节都是围绕其进行展开的。

曹新素认为“档案信息用户不属于职业性的称谓，因而也不能构成特定的社会阶层，它是分散于各阶层各行业中，任何人和任何单位都有可能成为档案用户”。其将档案信息用户分为现实档案信息用户和潜在档案用户，以个人形态或集体形态存在的档案信息用户，管理型、研究型、技术型和通用型档案用户。从不同的角度来研究分析档案信息用户的类型和特点。

而蔡海飞则将档案信息用户分为：长期用户、短期用户和随机用户，现实用户和潜在用户，个体用户和集体用户。也可将档案信息用户划分为科研人员、工程技术人员、管理人员、专门职业者和普通居民 5 类。

不同学者对档案信息用户的类型有不同的看法，但是，无论从哪一角度划分，档案信息用户都是数量大、范围广、档案信息需求各不相同。因此，对档案信息用户的研究有利于区分不同用户类型的信息需求，通过研究分析，进而更有针对性地为档案信息用户提供切实需要的档案信息内容，以满足其需求，发挥档案信息资源的作用。

1.3.2 对档案信息资源开发的研究

目前国内外档案界对档案信息资源开发的含义一直有不同的见解。德国档案学者认为，开发档案信息资源就是对档案及其所含的信息进行整理编目；荷兰的档案学者认为，档案信息资源开发就是编制检索工具，提供咨询服务，促进档案的可利用。

在我国较有代表性的观点是：档案信息资源有狭义和广义之分。狭义的档案信息资源主要是指档案信息内容本身，而广义档案信息资源则包括档案信息本身，还包括有关提供档案信息的设施、设备、组织、人员、资金等其他资源。目前，国内学者主要是从狭义的角度来理解档案信息资源，把档案信息与档案信息资源作为同义词来看待。

颜海在其《档案信息资源开发与利用》一书中，将档案信息资源开发定义为“是指对档案信息进行加工、整理并将蕴藏于档案中有价值、适应社会发展需要的各种知识、信息挖掘出来，最大限度地为广大利用者所利用，以提高档案信息利用效率的一种知识信息整序和传递的过程”。在其阐述的这一个过程中，档案信息通过加工、存储、输出，便由静态向动态转化，使其被用户所接受，同时也使得档案价值得以发挥作用。其中，用户档案信息需求的满足是档案信息资源开发的最终目标，因此，档案信息资源开发过程中的核心导向是用户需求。

1.4 研究目标

此研究主要在中国—马来西亚产业园区和入园企业不断发展的背景之下，以园区内现有的企业档案信息资源建设和开发现状为基础，采用跨学科的研究方法，充分利用哲学、管理学和档案学等学科的知识与理论，基于用户视角，以更好地掌握和满足产业园区企业用户的档案信息需求为主要目的，通过对档案信息用户需求的了解，更有针对性地将园区企业档案信息资源整合开发，促进产业园区企业的档案信息资源的最大限度地发挥效用，对内加强控制、降低管理和开发成本，对外促进交流，为产业园区企业的经济和文化发展提供支撑。

（1）了解目前中国—马来西亚产业园区企业档案信息资源的现状。通过实地调研与文献分析，研究目前园区企业的主要档案信息资源用户类型与档案信息资源，分析目前档案信息用户的需求与档案信息资源之间的联系，找出所需要解决的问题与不足。

（2）通过调研，分析目前中国—马来西亚产业园区内企业的主要档案信息用户和开发模式，并结合园区企业目前主要的发展方向，探索未来最适合园区企业发展的档案信息资源开发模式。

（3）分析和构建面向用户的产业园区企业档案信息资源开发的可持续发展模型。

1.5 拟解决的关键问题

（1）调研和分析目前面向用户的档案信息资源开发在中国—马来西亚合作企业中的现状探究，探寻档案信息资源在该企业中的以人为本的开发途径与策略。

（2）研究并分析在中国—马来西亚产业合作阶段，合作企业的档案信息用户在档案信息资源开发中的导向作用，为企业档案工作提供方向指引。

（3）构建符合中国—马来西亚合作企业发展的档案信息资源开发模式，助力中国—马来西亚经济合作长期稳定和进一步的发展。

2 中国—马来西亚合作企业的档案信息用户分析

2.1 档案信息用户的类型

目前，中国—马来西亚钦州产业园致力于打造走向国际化道路的企业发展平台。中国—马来西亚钦州产业园的档案信息用户主要来源于园区内的人员、入园企业及其员工、各大高校和科研机构的人员。不同的学者对档案信息用户的划分有不同的划分依据和看法。例如，王宇辉以用户是否具有需求行为而将其划分为现实用户和潜在用户。但实际上并无统一的标准。此研究主要面对中国—马来西亚产业合作的钦州产业园区及其入园企业，因此，此研究是依据档案信息用户具体的利用类型进行划分。

2.1.1 管理型档案信息用户

管理型的档案信息用户指的是各级领导机关和企业内负责制定大方向的领导人员。大多指的是在各机构单位从事业务指导的各类管理人员等。这类人员在管理活动中，时常依赖档案信息为其提供参考和辅助决策。

各级各类管理人员的主要工作是做好整体规划和科学决策，既包括对特定的专题的经济方面的决策，也包括对大范围的长期全局的计划决策。因此他们对档案的需求特点有：第一，需要具有涉及全局、事关长远的原始档案信息，这些档案信息是通过层层把关的“浓缩数据”，特别重视政策性和论证性的材料；第二，高密度和针对性强的信息更受青睐，以便高效精准决策；第三，为了科学决策，往往调研数据记录和反馈性的信息更能满足需求；第四，管理型用户通常通过正式渠道向档案工作者寻求帮助。这时档案信息人员应初步检索加工，并作合理分析再提供给管理型用户。相比较而言，管理型用户对档案信息资源的要求较高，使用频次高。

2.1.2 技术型档案信息用户

工程类技术人员是档案信息需求最为复杂、数量最大的一类档案信息用户。一般分布在三大行业中。在生产第一线从事工程、生产技术活动的各类技术人员。主要是指工程师、技术员、生产技术员等。各类工程技术人员所从事的活动，其目的是设计和制造用于生产、运输、通信、科研等方面的工具和方法。通俗地说就是产品。工程师的技术工作性质，决定了其信息需求是多方面且复杂的。因此，他们需要的通常是涉及多学科的档案信息资源。

同时，由于科学技术发展飞快，时效性强。工程技术人员对档案信息的需求有以下特点：第一，要求具有针对性强和内容具体的信息材料，如查阅某个具体的图形、数据、报表等；第二，对于专利文献和标准化材料比较在意，需要同行业、同类型项目或同类课题的最新信息；第三，在时间上要求紧迫、迅速和及时。

2.1.3 研究型档案信息用户

科学研究人员，指在科研机构、高校从事科学研究的人员。其对档案信息的利用呈现鲜明的专门性特点。

科学研究活动，目的在于认识和发现自然界和人类社会的规律并合理利用。其研究成果一般是具有创新性的科学知识。其工作探索性强，周期长，成果产出慢。因此，科学研究档案信息需求呈现以下特征：第一，围绕某一主题具有稳定的高需求，对信息的及时性要求较高；第二，对专题研究深入后需追踪；第三，科研人员由于课题的深奥和个人习惯，倾向亲自查找与加工原始记录数据；第四，其需求呈现阶段性特征，研究初期、中期、后期所需要的信息量和深度都大不相同。

2.1.4 普通型档案信息用户

普通型档案信息用户，是指对档案信息利用没有特别高要求、无针对性的明显需求，也包括临时性利用的个人、解决一般问题的个体。他们是档案体系中为数不少的一类用户。

出于这类用户数量大、范围广、需求五花八门，但是对信息的专业化程度要求不高，主要是为了休闲娱乐和基础学习所需。因此，他们的信息需求呈现以下特点：第一，偏基础性。通过对普及性信息的查询可拓宽用户的知识面和提高技能，满足用户所需。第二，偏实践性。一般用户查询档案信息资源多为解决日常生活所需。一般不涉及深度理论研究方面。这很大程度上取决于用户的知识学历水平。第三，偏趣味性。档案馆的休闲功能日益引起档案界和社会关注，逐渐成为吸引档案用户的一个有效方式。

2.2 档案信息用户的特点

中国—马来西亚合作模式，是与以往的合作形式有所不同的。研究通过对钦州产业园区和入园企业的档案信息用户的特征进行分析和总结，发现钦州产业园区和入园企业的档案信息用户主要具备以下特点。

2.2.1 档案信息用户的群体具有复杂性

钦州产业园为中国—马来西亚的经济产业合作的落地体现，该园区和企业都有来自两国的管理人员，他们有着不同的国家背景和文化背景。虽然为了两个合作的同一个目标，但是对档案信息资源的认识不一。有来自两个国家甚至是多个国家的高校人员研究和研究机构的科研人员，他们从事某一专业或某一领域的研究，查找的档案信息资源也是围绕他们的研究方向展开的，他们最终的目的也不相同，但是他们的目的往往是比较明确的，在对档案信息资源的查阅上，他们基于自身的知识背景，有各自不同的检索方式。有来自园区主体的技术人员和各个企业的精尖技术人才，他们既是档案信息的产生者，也是档案信息资源的利用者，他们往往来自不同的产业、不同的专业、不同的国家，对档案信息的需求和利用程度也完全不同，他们有的需要档案信息为其技术专长助攻，有的需要档案信息为其工作提供借鉴，有的则需要档案信息资源为其创新提供依据和灵感。也还有来自产业园和企业的普通员工，他们在学习、生活和工作上，通过档案信息来满足其个人发展的需要，也许是休闲娱乐，也许是新技能的学习，也可能是满足好奇心理论抑或是为了某种历史爱好。

产业园区及各企业的档案信息用户队伍具有庞大且复杂的特征。因此，对档案信息资源的开发迫不及待。在开发时需要综合考虑到档案信息用户群体的复杂性，并针对不同的档案信息的用户采用不同的方法。为不同类型的档案信息用户提供有效的档案信息服务。从宏观层面把控统筹用户队伍的数量和复杂性，从微观上就要兼顾用户的真切需求。

2.2.2 档案信息用户的需求具有多样性

随着“两国双园”的国际产能合作示范区的不断建设和倡导加快构建园区开发多元化

主体，完善国有资本投资功能，突出发挥好合资公司投资的主体作用，探索建立高效的合资公司商业盈利模式。在探索新的合作道路和发展模式过程中，产生的档案信息必然有与传统机关档案信息的内容相通之处也有不同的方面，产生档案信息的方式和收集存储的方式方法都比较新鲜。在此情况下，档案信息用户需求也呈现出多样化的特性。

钦州产业园区的重点产业为：食品加工业、电子制造业、生物技术也、新材料研发业、现代化服务行业等。园区建设正体现着“钦州速度”，园区的基础建设和入园企业的发展无时无刻不在产生新的信息，令企业抱团集体“走出去”。园区和入园企业的档案信息用户的需求为多类源型档案信息。技术型的档案信息用户往往对其需求较为明确，对档案信息加工的程度要求也比较高，一般是对过往技术方面档案信息内容的需求和档案信息加工成品的需求，以及最新技术产品的档案信息的需求。研究型的档案信息用户，如高校和科研机构的研究人员对中马钦州产业园的档案信息需求比较明确，往往是围绕某一专题的档案信息内容，或者是某一领域最前沿的档案信息资源，又或者是需求时间跨度比较大的、较为系统和全面的完整的档案信息资源。

企业的一般人员对园区档案信息或者是本企业或其他企业的档案信息资源的利用，一般是充实自己，提高自身专业素质和业务水平，对有关的管理经验和从事专业相关的档案信息需求比较大，强调针对性和指导性的档案信息资源。另外就是对有关市场定位的档案信息资源也是企业一般员工所需要的类型，为了解市场以便获取有关本企业产品的市场营销情况。园区及入园企业为建设园区文化和企业文化的工作者，相对其他档案信息用户而言他们的利用频率较低，但是需求量并不会随之而减小。企业里还有部分档案信息用户的需求比较特别，既不为业务也不为科研，仅仅因为对园区或者企业的发展有着深厚情感的人员，一般较多是这些企业的元老，他们对档案信息资源的需求主要体现在园区或企业发展过程和重大事件的档案信息资源上。

2.2.3 档案信息用户的队伍群体具有可变性

档案信息用户的身份不是一成不变的，在经济快速发展的全球态势下，中国—马来西亚的产业园区及企业也在不断地变化发展，园区内的工作人员和入园企业的人员角色会在有形和无形之中转化，或者兼具多重身份，比如，园区内的工作人员，随着机遇的出现也会成为某企业的老板或者工作人员，或者某些企业内的人员。既是企业的管理者，也是技术人员。他们可以同时兼具几重身份，即信息的生产者、建设者和利用者。

随着时空不断变化，尤其在经济快速发展的今天，信息爆炸式增长。档案信息用户队伍会不停地变动。不同企业的档案信息用户在变化发展的时空中都属于单独存在的个体或组织。他们在不同时期的工作和生活中所面临的问题也在时时变化着。因此，这些档案信息用户对档案信息资源的需求也随着市场变化而变化。用户在这一时期的市场背景下，可能需要这方面的档案信息内容；在下一个时期，可能又会由市场变化调整需求，从而需要另一方面的档案信息内容为企业发展做支撑。

因短暂的需求或者一次性的需求而成为暂时的档案信息用户，在满足需求、解决问题后便长时期内不再需要档案信息资源用户群体称为短期用户。也存在因突然意识到档案信息资源，可满足他们的某些需求，进而成为档案用户。这些变化，都是档案信息资源开发过程中，档案工作人员需要充分考虑的因素，才能更好地提供有针对性的服务。

2.3 档案信息用户对档案信息资源开发的影响

2.3.1 档案信息用户类型对档案信息资源开发的影响

就中国—马来西亚产业合作的园区和企业来看，当前的档案信息用户主要有上述4种类型，而管理类、技术类和科研类的档案信息用户才是占主导地位的。企业最根本的、最核心的目标在于盈利。园区企业的所有活动，最终都是围绕这一目标展开的，因为没有利润企业将不复存在。因此，档案信息资源开发的终极目标就是为企业创造财富、价值。

档案信息用户的类型中，哪一类型的用户创造的经济价值越大，他们在产业园区和企业中的地位也就越高，也就越受相关领导和部门的重视，也能获得更多的资金和优先权，优先开发相应的档案信息资源。档案信息用户类型对档案信息资源开发的影响也遵循马太效应规律。即档案信息用户所创造的价值越大，就越受重视，也就能获得更大的资金投入开发相应类型的档案信息资源，随后较其他类型的档案信息资源而言也会有更大的产出，为企业创造更多的利润。如此循环往复。

在互联网时代，企业的档案信息资源建设和开发也离不开以人为本的理念。档案信息用户，因其本身的工作或研究性质和知识结构、背景的差异，而对档案信息资源的产生不同深度不同程度的需求。而这样的差异又非常必要，因为现在企业不可能考虑平均主义，没有效益产出的部门和资源都会被淘汰。最终留下的资源将依其重要程度依次排列，对资源的开发当然也是依其重要程度进行开发。有重点地对资源进行先后整合与开发，以满足不同用户的需求。

2.3.2 档案信息用户需求对档案信息资源开发的影响

（1）用户需求是当今档案信息资源建设的向导之一。档案信息资源的建设和开发正是朝着档案用户信息需求而进行的。档案信息用户的需求成了企业档案馆信息服务的主要依据，以人为本在档案服务工作中的具体体现。

（2）档案信息资源的加工、处理和组织过程应全面考虑多样式的需求。需求导向的档案信息资源开发，是高要求的智力加工劳作过程。档案信息资源的建设开发为档案信息用户的需求而展开，否则企业档案馆的信息产品则存在没有用户或低利用率的不健康局面。不可否认的是，也存在高需求的信息资源尚未开发或不合理的开发，导致无法满足档案信息用户的需求。这也会影响企业内外的档案信息用户的生活和工作，从而影响企业的运转和收益。

（3）围绕档案用户需求的资源建设开发，是前段控制思想的具体体现。也就是将用户需求提前介入到档案信息资源前期处理环节。满足其需求是档案信息资源开发的直接目的，辅助决策和提高企业效益是最终目标。

（4）产业园区和企业的档案信息需求，通过分析其利用目的主要可以分为用于研究、用于学习、用于解疑、用于娱乐休闲。于研究型的用户而言，他们拥有较高层次的信息需求。在他们各自的领域中存在一定连续性。往往需求原件作为第一手材料，且对信息的查全率、查准率、新颖性有着不一般的要求。档案信息部门对他们主要是提供跟踪服务和咨询服务。于学习型用户而言，拓展知识和提高专业技能。他们的信息需求较为广泛且呈阶段性。应当为学习型用户提供具有针对性的二次文献服务。于带着问题而来的用户，通常他们的问题明确而具体，可提供咨询服务。面对普通用户多是寻求休闲娱乐的，应当为这类型的用户提供多种渠道的检索方式。依据档案信息用户的需求特点，档案工作人员应对档案信息进行不同程度的加工，输出不同的信息产品和服务。

2.3.3 档案信息用户心理对档案信息资源建设的影响

档案信息的传递是一个动态的过程。档案信息资源开发的导向是随时代的发展而不断变化着的。从传统的开发核心为档案信息资源到如今的以档案信息用户为核心，用户的需求也经历了一个质的飞跃阶段。从不为人知到如今成为档案信息服务关注的焦点之一的转变，说明用户的心理在档案信息资源建设中已形成积极影响。用户在产业园区和入园企业的档案信息资源建设中，必须成为导向。用户心理必将影响其需求和档案信息资源开发方式、服务新形式。

在中马钦州产业园区和入园企业信息的利用过程中，所有用户都会对所获得的信息进行简单的分析、加工、利用，然后按自己的需要和偏好对信息进行整合，使得信息贴合自身的使用习惯。最后对园区的档案馆的服务和提供的信息产生自己的评价，这一评价必然会影响到用户以后对于信息服务部门的选择，也会影响一个企业或者一个产业园区对档案信息部门的重视。同时用户间的传递会也会影响其他用户对信息的选择，这对于信息部门的工作和评价是很好的反馈。

感知和注意是认知心理的两个方面。“感知”是用户利用信息的第一步。决定用户信息感知的因素：一是用户自身的认知经验及知识结构；二是信息以何种形式存在。往往具有较强竞争力的信息容易引起用户的感知，就像信号灯为何选择红、绿、黄等颜色一样。“注意”是用户获取并理解所需信息的关键心理。用户的“注意”心理虽然受其主观因素的影响，但是当信息对于用户有一定的意义时，用户会自动加强关注。因此信息部门应关注用户的心理偏好和行为习性，抓住他们的特点是做好服务工作的基础之一。用户的认知心理影响着档案信息部门对档案信息资源的开发方向和加工层次。

3 中国—马来西亚合作企业的档案信息资源开发现状

3.1 档案信息资源建设现状分析

3.1.1 档案资源建设现状

中马钦州产业园的档案资源主要是由园区的档案与入园企业的档案组成。中马钦州产业园目前的发展属于初级建设和发展阶段，经过调研和分析发现，产业园区内的档案资源在一定程度上受到产业园区的领导和工作人员的重视，产业园区虽然没有成立一个专门的档案信息部门，但是由园区管委会监管，档案资源主要还分散保管在园区和入园企业的各个部门，目前的保管的原则是谁产生就由谁整理、谁保管，主要的目的还是在于服务各部门的现实活动。档案工作还是由各部门和企业的业务人员兼管，而兼管人员只是出于服务现实工作的目的对现有文件进行简单的整理和存放，还未进行统一的规划和长远的考虑，也未形成统一的规范和标准，也就是说，各部门的档案整理大部分的出发点是以现实业务为便利。

园区建设和企业发展还处在建设初期，档案信息资源有初步的开发，主要体现在利用档案信息资源对外宣传、吸引更多的投资者和企业入园，这方面的工作往往是围绕某一主题而对各个部门的档案信息进行征集或收集，形成档案信息开发的产品后，就保留在加工的部门，也就是宣传部门。园区的基础建设和其他方面的档案资源也分散保存在各个业务部门。但同时，园区在规划和建设的同时，邀请高校档案方面的师生进行合作，试图探索出一条适合钦州产业园区和入园企业的档案发展之路。

园区的档案工作虽没有成立专门的档案信息部门（档案馆），但是也有指定专人负责管理。这是由于在园区建设初期领导和相关工作人员的重视。但是还未成立园区档案馆的原因经分析主要有3点：第一，园区的还处于建设期，许多部门还没成立和完善；第二，园区成立发展到今天，时间跨度还比较小，所产生的档案数量还相对比较少，各部门的现有档案数量还没有超过各部门业务人员的兼管能力范围，同时，各部门和企业的人员都不是档案专业方面的工作者，对于产生于本部门的文件只进行简单的整理和归档；第三，园区的重心还放在建设上，当然资金和精力也还未分流在档案工作和档案资源建设规划上，因此档案工作还未配备专业的档案工作人员。

3.1.2 档案信息资源建设存在的问题

（1）园区的档案没有专门的档案人员管理，也未成立档案信息部门（档案馆）；这是档案信息资源建设首先面临的问题。没有档案馆则缺乏统筹规划档案信息资源建设的主心骨，企业和园区也缺乏档案专业素质人员。这影响着档案的收集、鉴定、整理和保管，也就是影响着档案的积累和利用，档案环节的弱化在企业和园区的长期发展过程中，将会不利于钦州产业园走向国际，以及入园企业“走出去”。立足国际视野，信息已经成为三大能源之一。档案信息资源属于不可或缺的。缺少这部分资源的支撑，企业的市场占有和拓展，势必受限。

（2）档案信息资源分散在各个业务部门和入园企业的手中，目前无法统一管理和建设。缺乏统一的管理和建设的资源，相当于不是资源，各自部门和企业的小范围资源在企业的发展和满足用户需求过程中仅仅发挥了它们价值本身的一点点效用，钦州产业园区的档案信息资源建设应该形成“一加一大于二”的局面，信息只有汇聚在一起才能成为资源，零散的信息往往反映不出某个现象或者风向，需要大量的信息汇集与科学规划、加工、分析才能发挥应有的，甚至是更大的价值作用。档案信息资源需要汇集在统一的信息部门，通过信息部门的专业人员进行加工组织，整体上满足园区和入园企业各类型用户的信息需求，从而使园区在“一带一路”的建设发展起到促进作用，形成旗帜效应。

（3）未建设特色性档案信息数据库。中马钦州产业园区围绕电子设备、食品加工、生物科技和新材料合成以及服务业等产业进行布局所形成的产业集群，从而塑造产业特色。但是缺乏具有特色的专业行业档案信息数据库，难以体现其产业在国际上的特色。档案信息资源数据的缺乏，会直接影响着各企业技术人员的专业技能发挥和管理人员的决策科学性，也会严重影响着研究人员对产品和其他方面的创新，无法满足各类型用户的专业需求和研发需求。

3.2 档案信息资源开发方法分析

3.2.1 档案信息资源主动性开发

档案信息资源主动性开发，是指档案部门通过编辑、加工等手段，使档案中的信息以更适合于利用者的形式呈现，由此吸引档案用户并向用户宣传指导档案信息资源的利用。所谓“主动”是一种积极的推进方式，是一种“侵占性”的服务方式。这种类型的开发使档案信息资源可以为更多的用户所接触，可以使其得到更高效的利用，它的价值在于利用信息资源开发利用的深度和广度。

档案信息资源主动性开发的方式有档案展览、档案网站服务、档案信息发布会、大众传媒、搭建档案信息共享平台、档案编研。档案展览是企业档案信息部门或档案馆按照一定主题，以展示档案原件形式或复制件的方式，系统地揭示和介绍馆藏中档案的内容与成分的一种方式。档案展览展出的是经过选择和组织的典型档案资源，档案用户可由此获取比较集中、系统的档案信息内容与线索，甚至发现不曾留意的档案信息，是对档案信息宣传和利用的一种有效方法。

档案网站是一般是以主页的方式向用户提供其资源和进行宣传。企业的档案信息资源开发离不开网站的建设。它是企业的档案信息部门对外宣传和对内联系的重要窗口。档案网站可以展示企业档案资源建设的风采和建设的各项要求，这既是工作需要，也是企业文化对外宣传的组成部分。

企业档案信息部门可通过规模最大的大众传媒来宣传企业的档案资源和文化，扩大社会的影响力和提高认知度。档案信息共享平台，即为了统筹共建共享档案资源的一个集成服务模式。可实现不同的档案资源拥有者之间资源的互通有无，破除传统的限制，实现资源多处备份，处处共享的局面。降低档案信息资源建设的成本，提高企业效益，发挥档案信息应有价值的开发工作。档案编研则是对档案信息资源进行有选择汇编，即在档案原始信息的基础上产出二次文献、三次文献。

钦州产业园的档案信息虽没有专门的管理部门。但是档案信息资源的开发并不是止步不前的状态。现有的主动性开发方式主要是档案网站服务、大众传媒和档案编研。中国—马来西亚钦州产业园区主要通过其门户网站的方式提供相关的档案服务和宣传，目前园区内外的档案信息用户大多都是通过其门户网站获取信息和服务，当然，这些服务和数据都是粗糙的，比较接近原始性的档案信息材料。此外，产业园区还通过大众传媒的形式，如报纸、刊物和自媒体有意无意地对其档案信息资源进行宣传输出。档案编研是档案信息资源开发的又一形式，钦州产业园邀请外面单位的科研人员进行合作编写园区发展大事记和其他的编研产品，对已有档案信息资源进行二次或三次加工，满足园区内部和企业的档案用户需求，同时也为其他科研人员研究产业园区和相关企业提供信息产品。

但是，钦州产业园区的档案信息资源的主动性开发方式仍然不够丰富。档案展览还未出现。档案信息共建共享平台也尚未搭建。对于深层次开发档案信息资源仍然有待提高。

3.2.2 档案信息资源被动性开发

档案信息资源被动性开发，是一种依据档案信息用户所提出的要求，全方面主动满足档案信息用户的需求模式。这不意味着工作人员固守本职而消极怠慢，也不是以往的被动模式，更不是回避问题逃避工作的状态。

被动性开发档案信息资源，主要指的是在规定的空间内为用户提供信息服务的一种服务方式。常见的就是档案阅览。它是传统上最常见也最容易为用户所接受的方式。其优点在于发挥档案本身的属性和特性。因为档案基本都是单独的一份文件。其作为企业的原始记录往往涉及企业机密或者商业秘密，关乎企业经济命脉的商业秘密抑或独门秘方、关键技术。因此，在有限的空间和时间范围内对有限的人进行开放成为这类涉密档案资源在小范围内开发利用的先决条件。既能满足一部分有权限的用户需求，又能有效地保证企业的商业秘密，就是档案阅览室的独一无二的优点。

在档案阅览室调阅档案时，遇到的问题可及时与档案专业人员进行面对面的有效咨询和交流。档案外借也是档案信息资源开发的一种方式，这种方式的影响是十分有限的，但是在企业内部的可借范围相对大一些。

档案的外借通常属于档案工作的一项业务。档案外借业务在企业具有其特殊性，可提供主动借出和被动借出服务。基于档案的本质特性，企业档案要在外借服务前完善各项制度，档案人员需做好登记、催还和分析等工作，主要目的是保障档案的完整与安全的同时便于企业员工利用。

档案咨询，也是档案信息资源被动型开发的重要形式。在企业档案馆（室）的档案人员，需为用户提供相关的咨询服务。档案工作者应对已有资源整理，并于不同层次上进行开发以满足企业各方信息需求。可开展定题、跟踪咨询服务。定题咨询，即依据所了解掌握的用户档案信息需求，划分专题，有步骤有目的地为用户收集和提供相关专题的文献情报、参考材料，主动满足用户需求。而跟踪咨询就是要求企业档案工作人员在最初满足了用户需求后，有目的地追踪相关主题的信息，主动为之提供最新的档案信息。

中马产业园区目前的被动性档案信息资源开发还比较少，虽没有档案阅览室，但也为各部门和各企业提供查阅和咨询服务。但是，各部门的档案和企业的大多数档案资源都还在各自的手中，所以园区兼管档案业务的人员的被动性档案信息资源开发还比较少。由此可见，在园区内基于现有的档案信息资源为园区员工和研究者提高参考咨询服务也就寥寥无几了。

3.3 档案信息资源开发现有问题分析

3.3.1 档案信息资源开发缺乏科学、统一的规划

（1）中国—马来西亚钦州产业园的档案信息资源分散在各个部门和企业手中，在档案资源开发上，为无米之炊。这主要源于产业园的缺乏科学统一的规划。规划产业园区的发展时，必须考虑档案工作如何跟进产业园区高速发展步伐的问题，应该怎样整合大量分散且零碎的信息，应如何满足园区精干、高效的行政人员的要求。毋庸置疑，这就需要战略性、科学性地整体规划园区档案工作和档案信息的发展。

（2）档案信息资源分散在各个部门和企业，资源建设、需求服务和专业人才都相对分散，缺乏统一的规划。“大档案”提出于20世纪90年代。其内容为：将档案的工作职能扩展到档案馆藏范围，将多头管理、分散管理的档案进行集中管理、统一规划和服务。“大档案”理念贴近产业园区档案实际，是相对贴合的管理模式，有助于产业园的档案资源的整合与开发利用。

（3）目前产业园区的档案信息资源开发大多仅限于各个部门内部或者只是粗线条的简单开发，没有战略性的统一领导和科学的规划。因此，所满足的信息用户需求也仅局限在部门内，没有在整个产业园区内整体对所有的硬件和软件资源以及人才队伍进行整合开

发，也无法满足园区和企业信息用户的与日俱增的信息需求。

3.3.2 档案信息资源开发动力不足、开发需求不明确

中国—马来西亚钦州产业园的档案信息资源开发动力不够主要表现在：其一，人才动力不足。钦州产业园区仍然处在建设发展的初期，虽然对人才的引进也十分重视，但是人才队伍的结构中缺少档案方面的专业人才，对信息资源进行建设和开发的人才引进也相对匮乏。企业的发展动力之一就是人才要素。不合理的人才队伍结构不仅造成人才资源的浪费，还影响着钦州产业园区的整体前进步伐。其二，档案资源动力不足。分散在园区各个部门和企业手中的档案和信息，没有汇集在一起，一定数量的档案信息才真正意义上称得上资源，所以，在中马钦州产业园区的发展中，档案资源现实状况是相对匮乏的。当然许多业务人员档案意识不强，将部分的档案作为图书资料对待使用。其三，研发动力不足。中马钦州产业园区虽然已经开始联合高校和科研机构进行交流、合作和研究，但是在档案信息资源方面的研发动力还是十分弱小的，该园区没有专门统管档案的部门和人员，联合研究人员获取档案信息资源十分困难。该园区优先致力于经济发展，其发展主要业务和事业还没完全成熟，相对忽略了需要对这方面的研究注入资金和人才方面的力量。

中国—马来西亚钦州产业园区没有形成良性互动局面。即以明确的需求为导向进行合理建设开发，从而为用户提高优质服务。档案信息资源开发面临目标不清晰、主体和服务对象不明确等问题。许多传统的企业的档案信息部门，仍然重藏轻用，局限在传统的档案思维中。现有的少量开发产品都是政策性要求的产物。各个部门大体都是按自身的需求和角度进行收管用，几乎不从用户角度考虑利用问题。囿于原有的思维惯性，缺乏效益意识。当然，在其业务中也不重视对已有的开发成果进行宣传推广，无形中阻碍了产品的传播。“封闭”式的开发不仅发挥不了档案本身的价值，还浪费人力物力财力。

3.3.3 档案信息资源开发模式单一，服务范围窄

中国—马来西亚钦州产业园档案信息资源开发局面存在不足。其途径单一、开发主体一元，这无疑从源头上制约了档案信息资源走向市场和面向用户，档案“金子”无形中变成了“石头”。产业园区的档案开发导向还是属于传统式的，面向的仅仅是档案信息资源和信息交流过程，忽视了档案信息资源开发的过程中的用户能动性。目前产业园区有属于自己的刊物，刊物上零散分布着一些信息是对档案信息资源的揭示和报道，但是没有形成专栏或专刊，开发方式简单且粗浅。在园区内的档案信息资源呈现如下特点：原始信息多，加工整理少；孤立分散多，交流共享少；静态信息多，动态信息少。当前，园区内的档案信息资源开发利用仍然是以原始档案信息为主。初步加工的档案信息产品缺乏，深加工的更是少见。园区档案现状：资源孤立，散落各部。部门间的档案信息交流共享行为寥寥无几。园区的档案信息资源状态为：动态档案资源鲜有，静态档案资源皆是。

部门之间关系的融洽与否也关系着档案信息资源的开发和服务范围，中马产业园区的档案信息资源分散于各个部门和企业，因此，基本上能够满足的也仅限于本部门和友好部门之间的档案信息用户的简单需求。企业之间的档案信息资源也是各自占有、各自服务的，很少存在共建共享的合作。能在整个园区范围可以利用的档案资源，也就是在管委会兼管下的档案，但是数量上较少，服务范围有限。此外，园区整体的档案资源因其分散性和部分商业保密性，为外单位的档案信息用户可提供利用的资源也较为有限。

4 中国—马来西亚合作企业的档案信息资源开发策略

4.1 宏观策略

4.1.1 统一规划，制定策略

由于中国—马来西亚钦州产业园区成立至今才 6 年左右，其各项业务的办理大多是在网络环境下进行的，其形成的档案也绝大部分是电子形式的。档案信息资源的开发是一项道路曲折但前途光明的长期的艰巨的工程。因此，要求园区设立专门的档案信息部门或档案管理中心，以防多重无用建设，需统一规划档案信息资源的建设与开发利用。同时，依据政策规定和行业标准规范建设档案网络和资源共享。同时由园区进行整体把控，制定出有战略高度的可行性策略。立足长远发展和具体实际，为园区的档案信息资源开发和共享提供翔实的计划，为园区走向东盟和"一带一路"提供有强有力的支撑。

鉴于苏州工业园区的"SIP 模式"档案信息资源共享和服务已取得的各项成果，中国—马来西亚的产业园区理论上可借助"大档案"理念。全面、整体、合理地规划钦州产业园区的档案资源。目的在于建立"保姆式""简单灵活"的档案信息服务机制。

在统一规划档案信息资源开发的过程中，还需坚持"以人为本"和"可持续发展"的理念。以人为本，要求规划和制定战略时就面向用户，企业的档案服务对象主要是本企业的广大员工，这是产业园区最大的档案信息用户群体。因此在规划产业园的档案工作和资源建设时，应及时并全方位地考虑档案信息用户的特点、类型、心理和需求。

4.1.2 强化意识，加大投入

园区档案信息网络化建设是时代对园区档案事业发展提出的新要求，是对园区发展与时俱进的重要体现，是园区档案工作在大数据时代发展不可回避的道路。在其规划和开发过程中要强化领导档案意识，因为领导是具有模范作用的人物，往往引领着一批人的方向。强化用户档案意识是档案工作最终目标得以实现的要素之一。档案信息的安全来源于高度的档案意识。首先，领导的档案意识决定了上层建筑在实践中的肯定，领导的档案意识提高了，相应的档案信息建设和开发工作也会逐步提上日程。其次，提高用户之档案意识有助于明确档案信息需求的方向，为档案工作人员指明服务方向，也有助于资源开发成果发挥其应有的效用。再次，档案工作者专业意识的提高，更有助于高效资源建设和精准服务于用户，更对广大用户的各式各样的信息需求予以满足。最后，集体档案信息安全意识的提高有利于保障企业的利益不因信息泄露或使用不当而造成过多损失。

档案信息资源建设数字化和网络化的终极目标，就是拓宽信息渠道，优化资源的配置和提高工作水平和竞争力。国际市场日新月异，产业园区和企业的发展需要有竞争力的档案信息作为支撑助力其又快又好又稳地走在国际化轨道上，有竞争力的档案信息能为企业保驾护航，在企业走出国门的时候保证其知识产权和专利等方面的权利，同时可以为企业避免一些不必要的纷争。

对网络化的档案信息资源进行开发，一方面需要政策上的倾斜支持，加大资金的投入，同时向其他社会募集更多的发展资金。另一方面，需要有效的资金监管机制。网络数据库的开发是信息资源开发必经之路。其在技术要素和人才要素的投入都是高成本的。当然，其效益也是显而易见的。

4.1.3 调整机制，培养人才

中国—马来西亚钦州产业园区的档案机制不合理，缺乏统一管理档案信息的档案馆（档案信息管理中心）。因此立足企业和园区的长远规划和长期发展时，必须调整和完善现有的运行机制，建立可持续的良性健康发展机制，使得专业有分工，专业有人管，档案信息资源有统一的管理部门和完整机制。

产业园区的发展离不开信息市场。信息需求是信息市场存在的必要因素。产业园区及入园企业，开发其档案信息资源，必然要考虑市场信息需求和用户需求。有针对性地对科研、管理、技术和普通等类型用户的信息需求进行归类和开发。满足用户需求，助力领导决策参考，为企业创收。市场机制的引入是实现企业满足用户信息需求的目标的关键环节。

人才强国是我国的强国战略之一。那么，企业发展也自然需要人才力量的注入。现如今日新月异、竞争日益强烈的信息市场和人才市场，具有竞争力的人才和具有高价值的信息同等重要。因此，档案信息资源建设和开发，需要一支理论与技能高超的专业人才队伍。目前较为实际的办法是对已有人才进行再培训，为已有人才提供机会和平台进行技能再培训，这对企业和人才本身都是双赢的途径。

4.2 微观策略

4.2.1 采集档案，丰富馆藏

目前，钦州产业园的档案无专人专岗管理，档案信息资源分散在各部门各企业手中。该园区的档案部分为纸质类型，其余皆是电子形式。对各类型档案数据进行采集，是搭建一站式服务平台的基础，也是档案信息资源共享的前提条件。档案信息的收集和前期加工是一项耗资不小的长期工程。这项工程包括扫描著录和存取。其中人、财、物都需要相当量的投入，因此，需要考虑依据档案信息价值的大小来决定其采集和加工的先后次序，同时应配备齐全采集工作所需的先进设备。通过调研和初步鉴定，在有限的范围内优先采集价值高、利用率高的档案数据。

中马钦州产业园应迅速收集分散在各部门和企业的档案信息资源，作为馆藏资源，并以此为基础，建立网络数据库。把握好数据库建设的标准，以技术为手段对档案信息进行加工处理。创建门户网站，收集已处理好的档案信息条目。为使得网络档案信息条目便于处理和开发利用，档案中心须制定规范或者要求统一遵循著录规则和标准，规范每一站点的运行和管理，使得档案信息在网络上有序运行。随后加大力度对档案信息进行开发和编研，使便于公开的档案信息在价值和效益的基础上，能最大限度地为用户所利用，保证可读性和界面友好性。在已有的成熟档案网站上，需及时保存并加速更新，以维持网站的活力。为保证满足园区各类型用户的档案信息需求，产业园应尽量创建相应的数据库。

4.2.2 资源整合，优质服务

（1）信息资源整合。产业园区内需建立一个档案中心，将园区内和各企业的多门类数字资源和现实档案信息资源整合起来实现共赢，如此一来既可以减少园区软件研发的开销，又可以减少软件维护的费用。此外，还为园区围绕档案中心开展工作提供便利，可实

时管理和维护数字档案。该园区信息用户可直接登录系统检索目标档案，档案中心在档案数据库的基础上统一整合管理，合理把控档案信息的检索利用。这同时保障了工作的效率和信息的安全。

（2）人才队伍整合。设立在产业园区内的档案管理中心，需将各方面的专业技术和理论人才聚集在一起，才能满足各个类别的档案资源的管理和开发需求。目前钦州产业园区内的各个部门都有相应的专业人才，只要对他们稍加培训，然后通过整合，使得在产业园区内物尽其用、人尽其才，使得档案人才队伍可以为用户的需求做出最大的贡献和满足。

（3）硬件设施整合。对已有的办公区域空间，在合理规划后，将档案库房、档案室资源和档案实体进行整合。让具有高价值的档案享受到园区内最先进的档案管理设备。用户需求比较大，查档利用比较频繁的档案实行逻辑归档，将灵活性融入园区档案信息资源的整合中。

4.2.3 建立档案信息资源共享平台

中马钦州产业园的档案工作发展亟须建立一个以园区的档案管理中心为主导、以用户需求为导向的档案信息资源共享平台。建立一个信息资源信息共享平台，即一个大的系统。该系统可分为：档案管理子系统、数字档案室子系统、线上业务子系统、馆藏资源管理子系统、档案离线管理子系统、建设档案整理子系统，门户网站和特色数据库8个功能模块。不同用户通过一个平台，可根据自身的权限和需求使用不同的应用系统。

为企业建设集成服务平台，让档案信息资源的价值得以最大限度实现。档案信息资源的价值正是用户需求的源泉，所建立的服务平台将从各方面满足不同层次用户的档案信息需求。使大档案理念在园区档案信息资源开发共享过程中成为内化的驱动力，在园区发展中既满足了较长期的发展需求，也满足了各类型档案信息用户的多样化需求，为产业园的发展提供“一站式”“保姆式”的服务体系。

参 考 文 献

[1] 谢伦伯格．现代档案——原则与技术［M］．黄坤坊，等，译，档案出版社，1983.

[2] 冯惠玲，张辑哲．档案学概论［M］．2版．北京：中国人民大学出版社，2006.

[3] 颜海．档案信息资源开发利用［M］．武汉：武汉大学出版社，2004.

[4] 肖希明．信息资源建设［M］．武汉：武汉大学出版社，2008.

[5] 李凤莲，乔琳钧．论档案信息资源开发的用户导向原则［J］．山东档案，2017（1）：23－37.

[6] 张俊梅．以需求为导向的档案信息资源开发与利用［J］．商业经济，2012（6）：81－83.

[7] 吴铮．以社会公众需求为导向的档案信息资源开发的对策［J］．黑龙江档案，2015（2）：62.

[8] 王景高．论档案信息资源开发［J］．档案学通讯，2000，（5）：19－22.

[9] 李宏实．浅谈档案信息开发的五原则［J］．黑龙江史志，2015（2）：117.

[10] 毕建新，郑建明．基于用户需求的档案信息资源建设机制研究［J］．档案与建设．2013（2）.

[11] 王秀清．大数据时代企业档案信息资源开发利用的思考［J］．北京石油管理干部学院学报，2014（5）：14－18.

[12] 覃兆刿．企业内部控制与企业档案管理的相关性分析——基于《企业内部控制基本规范》的档案话题［J］．档案学研究．2012（2）：35－38.

[13] 屠跃明．提升档案信息服务能力的有效途径——集成融汇［J］．档案与建设．2013（5）；16－18.

[14] 马素萍．档案信息资源与现代企业可持续发展［J］．档案与建设，1998（5）：6－8.

[15] 彭明．“大档案”理念下开发区档案资源整合与服务——以苏州工业园区档案馆为例［J］．档案建设，2015（8）：82-84．
[16] 李宝玲．我国档案资源整合研究现状分析［J］．档案学研究，2012（2）：31-33．
[17] 杨衍．泛在化移动信息服务平台的构建［J］．图书馆学研究，2017（13）：47-49．
[18] 李晓萌．大数据背景下企业档案信息资源共建共享研究［D］．哈尔滨：黑龙江大学，2017．
[19] 饶圆．档案信息资源开发利用研究［D］．合肥：安徽大学，2005．
[20] 蔡海飞．档案信息资源开发模式与开发评价研究［D］．苏州：苏州大学，2007．
[21] 曹新素．档案信息用户工作研究［D］．合肥：安徽大学，2012．
[22] 徐静．我国档案数据库建设中标准的若干问题研究［D］．广州：中山大学，2009．
[23] 孙晓敏．关于档案信息资源开发利用的若干思考［J］．黑龙江档案，2008（1）：24-25．
[24] 李媚，朱晓峰．试论网络信息资源开发［J］．情报科学，1999（31）：337-339．
[25] 王向明．商业银行档案管理［M］．北京：中国档案出版社，2005．
[26] 刘丹丹．基于价值共创理论的档案馆信息资源开发及服务研究［D］．太原：山西大学，2015．
[27] 章燕华．我国档案信息资源开发关键性障碍分析及对策思考［J］．浙江档案，2006（6）：12-14．
[28] 李伟利．高校档案信息资源数字化建设研究［J］．办公室业务，2017（17）：39-40．
[29] 王艳艳．基于用户的档案馆信息服务研究［D］．苏州：苏州大学，2007．
[30] 张秀华．信息化背景下档案信息资源开发的对策［J］．黑龙江档案，2013（1）：21-22．

06 信息开发

面向中国—马来西亚企业经济合作的专利数据挖掘与分析研究

钱思晨　李雪纯　周添良

（广西民族大学管理学院，广西　南宁　530006）

摘　要："一带一路"倡议背景下，中国和马来西亚两国企业经济贸易合作不断深入，两国经济贸易联系不断加强，研究中马两国专利数据挖掘和分析，对于推动中马企业经济合作具有重要意义。本文在分析"一带一路"对中国与马来西亚两国企业经贸合作、产能转移影响的基础上，通过分析中国及马来西亚两国专利制度、专利布局等知识产权战略现状，探讨专利数据挖掘与分析在中马企业经济合作中的影响和作用，并对由此形成的两国企业经济贸易合作、产能优势互补提出具体的对策建议，在此基础上构建面向中马企业经济合作的专利数据挖掘与分析系统模型，并阐述了系统模型的功能和作用。

关键词：企业贸易；经济合作；数据挖掘；专利分析；一带一路

1　引言

随着中国和马来西亚两国多领域合作的不断深入，经济联系不断增强，马来西亚成为继日本、韩国之后第3个与中国贸易额超1000亿美元的国家，也是中国在东盟的第一大贸易伙伴，中马贸易额占中国与东盟贸易额的近1/4。同时，中国是马来西亚最大的进口国和第二大出口国，中国已成为马来西亚最大的贸易伙伴。2012年4月，中国—马来西亚钦州产业园区正式成立，成为中马两国经贸合作的标志性项目和中国—东盟自由贸易区合作新的典范[1]。2013年9月和10月由中国国家主席习近平分别提出建设"新丝绸之路经济带"和"21世纪海上丝绸之路"的合作倡议[2]。在"一带一路"倡议的背景下，中国与马来西亚经济贸易的关联性和紧密性再次得到加强和提高，而国家间经济合作与产能转移无不伴随着专利布局等知识产权战略的密切配合[3]，知识产权与经贸合作、产能转移密切相关。大数据时代，数据挖掘、数据分析等方法和技术得到广泛应用，企业可以利用数据挖掘分析技术在海量的专利数据资源中洞察和发现新的商业机会，提高企业尤其是跨国企业的生产力和竞争力。

在中国和马来西亚企业经济合作不断深入以及大数据时代的背景下，本文在分析"一带一路”倡议对中马企业经济合作影响的基础上，通过对中马两国专利分布现状进行研究，探讨专利分析在中马企业经济合作中的影响和作用，并对由此形成的两国企业经济合作、产能优势互补提出具体的对策建议，构建面向中马企业经济合作的专利数据挖掘与分析系统模型，对于推动专利数据资源的开发利用、提高企业经济合作竞争力，具有十分重要的实践意义。

2 相关研究综述

专利分析是在对专利文献等专利信息进行筛选、鉴定、整理的基础上，利用信息计量等研究方法和手段对其中所含的各种特征要素进行统计、排序、对比等分析和研究，从而揭示专利信息的深层次动态特征，了解技术、经济发展的过去及现状，并据此进行技术评价和技术预测[4]。

2.1 对于马来西亚专利申请及分布状况的研究

目前国内对于东盟国家专利制度及相关法律法规有一定研究，但总体不成规模，数量较少，在中国知网上检索“东盟＋专利”，仅有56条记录，其中关于马来西亚的专利制度及专利法律法规研究的内容更少。

唯一一篇专门研究马来西亚专利制度的文章是《马来西亚的专利制度》，作者柳福东（2010）从历史发展角度介绍了马来西亚专利法律和专利制度的发展历程以及现状，在他的文章中阐述了授予专利权的发明应具备的条件、专利权属关系、专利权人享有的权利以及权利限制条件等情况。总体说仍然是对马来西亚专利法律和制度的介绍，并没有针对专利分析提出具体应用措施[5]。

除此之外，对于马来西亚专利状况的研究都是零散分布在东盟专利研究的论文中，如柯涛等（2005）在研究广西和东盟专利现状分析与经贸发展时对马来西亚专利申请数量、专利构成等进行了统计分析[6]；王帆乐等（2016）在中国—东盟国家知识产权保护合作机制的构建研究中分析了中国和马来西亚在专利关系中的一些问题，指出中马两国没有签署有关知识产权方面的协议[7]；孙全亮等（2016）在“一带一路”沿线国家和地区专利分布格局解析一文中介绍了马来西亚专利申请数量以及分布情况[8]。总体上说，针对马来西亚的国家专利制度、专利申请情况、专利分布情况等方面的研究，仍然比较片面和零散，缺乏整体性，都是在研究东盟国家时零散地提到和介绍为主。

2.2 对于专利数据挖掘与分析的研究

在中国知网数据库中检索专利分析相关文献，可以发现有关专利分析的研究呈上升趋势，这是知识产权保护日益受关注所致，如图1所示。

在检索结果对专利分析相关的技术和方法进行统计分析，可以发现，目前有关专利分析的方法仍然停留于传统的文献统计和分析，主要方法有：社会关系网络分析、文献计量、专利计量、专利地图等。有关数据挖掘的技术在专利分析研究中，只有19篇文章，

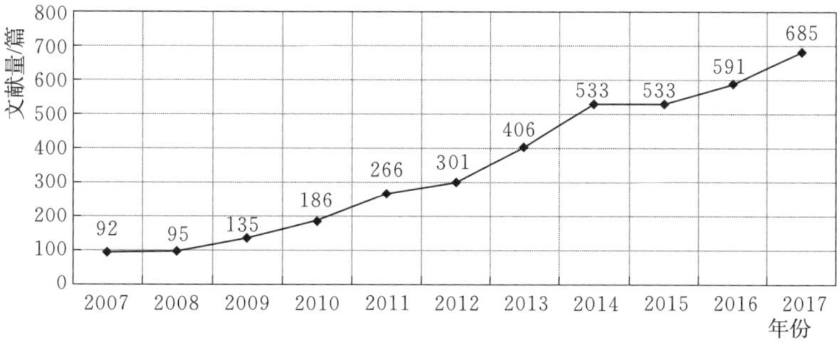

图 1　2007—2017 年专利分析研究文献数量分布图

说明专利数据挖掘与分析这方面的研究仍然比较缺乏，目前来说是一个比较研究较少的领域。

秦超（2014）利用数据挖掘技术针对混合动力车柴油发动机进行了专利分析，以检索并筛选的数据为基础，通过文本聚类技术辅助专利分析，对专利文本内容进行自动分类，可以更高效、准确和全面地筛选统计数据[9]。林宇（2013）针对失效专利运用数据挖掘方法进行了相关研究，认为企业在制定技术创新决策中可通过合理地利用失效专利基础上进行技术的二次开发，实现技术的消化吸收与创新[10]。朱新超等（2016）运用数据挖掘和数据分析方法对数据资源集成技术进行专利信息分析，选取专利申请趋势、重点专利申请人的专利申请趋势及专利技术生命周期等指标，研究了数据资源集成技术的发展现状及未来发展趋势；结合专利申请地域分布、主要专利申请人专利申请区域分布等要素分析专利竞争情况及重点专利区域布局[11]。张群等（2014）基于 Innography 专利分析平台通过数据挖掘方法分析了该领域核心专利集中的国家与机构，研究了该领域的我国专利情况，全面了解该领域的创新现状[12]。金一峰等（2012）介绍了多个数据挖掘方法，深入分析了数据挖掘技术在专利地图描绘过程中的应用，并对专利情报数据挖掘的方法和流程进行了探讨[13]。

在专利分析研究领域，目前虽有学者将数据挖掘与分析技术引入到实际研究中，但总体影响仍不是很大，且研究不甚成熟，更多停留在对某一技术或者产品具体的分析，没有研究利用专利分析实现经贸合作问题。

从专利分析研究的趋势来看，文献数量逐年上升，说明知识产权、专利保护等越来越受到人们的关注，同时也说明新技术、新方法对原有的专利分析产生了极大的影响。在利用数据挖掘技术进行专利分析的研究领域，目前的研究仍然不是十分成熟，大多集中在具体某一个技术或者产品的分析，并没有从企业间经济合作、地区间经济合作乃至国家间的经济合作角度进行相关问题的研究。因而，利用新技术、新方法对专利分析进行研究和探讨，充分挖掘专利数据资源，进行分析和研究，对企业间围绕专利申请及产品生产，开发生产配套的上下游应用型产品，形成上下游产品链，达到优势互补，互惠互利，强强联合的经济合作目的，是一个亟待探索和研究的问题。

随着“一带一路”倡议持续深入的影响，中国和马来西亚经济贸易日益往来频繁，政策条件不断丰厚，而专利成为企业经济、贸易合作中多种影响因素之一。本文拟对两国专利数据进行分析和研究，挖掘企业间经济贸易合作的可能性，探索专利申请对企业经济贸易合作的影响、利用专利分析实现企业经济贸易合作的可能性以及途径和方式等。以此为基础，结合中国专利情况构建以中国—马来西亚专利数据资源为基础的专利分析系统，面向中国及马来西亚企业经济贸易合作实现专利数据挖掘与分析功能。

3 “一带一路”倡议下中马经贸合作的变化与发展

3.1 中马两国经贸战略依存度高，经贸合作规模大

马来西亚是中国古代海上丝绸之路沿线重要国家，也是最早响应“一带一路”倡议的国家之一。2013 年，中国提出“一带一路”倡议，得到了马来西亚的积极响应，马来西亚积极表态成为亚投行（AIIB）的 57 个创始成员之一，两国签署了《中马经贸合作五年规划》，内容涵盖农业、制造业、工业园区、基础设施建设、能源与矿业、交通等领域。中国企业不断走出去到马来西亚进行投资，马来西亚企业也纷纷加大对中国的投资。马来西亚国际贸易及工业部认为对于马来西亚，“一带一路”是很好的平台，将进一步加强马来西亚和中国政府之间的合作[14]。在“一带一路”倡议的背景下，两国领导人多次互访交流，双方经贸往来密切，合作规模不断扩大，目前马来西亚是中国在东盟国家中经贸额最大的贸易伙伴，对于促进中国东盟贸易合作具有重要的意义。中国与马来西亚从政治互信到经济互补，从经贸合作到文化交流，两国战略依存度也不断提高，相关交流合作也已扩展到多元化领域。

3.2 中马专利合作日益频繁且与经贸合作密不可分

经济发展与科技进步密切相关，两者相互促进、相得益彰。随着中国与“一带一路”沿线国家日益密切的经济往来，我国与这些国家在科技领域的交往也日益频繁。相关研究表明，2013 年“一带一路”倡议提出后，我国在沿线国家专利申请数量明显出现了拐点，不论是专利合作的绝对数额还是在该区域跨国专利合作中的相对份额，均出现了更快的上升态势[15]。除了中国在沿线国家专利申请数量的快速增长，中国与沿线国家的专利合作也呈现上升趋势，在 62 个“一带一路”国家中，有 29 个国家与中国拥有合作专利，新加坡、印度、以色列、俄罗斯和马来西亚排在前 5 位[16]。在“一带一路”专利合作国家中，马来西亚位列第 5，这说明随着中马贸易规模扩大，专利申请及合作数量均相应得到提高，因此，随着“一带一路”倡议的深化，专利活动成为中国与马来西亚经贸往来中重要的影响因素之一。

4 中国与马来西亚专利活动现状

4.1 中国和马来西亚的专利制度

4.1.1 中国专利制度概况

中国专利申请的受理、审查、授权由中国国家知识产权局专利局负责，专利保护类型

有发明申请、实用新型、外观设计 3 种。一部专利法包括 3 种专利申请的所有相关事宜，相关的法规有专利法实施细则及审查指南。

发明专利申请提出实质审查的期限为自申请日（要求优先权时，自优先权日）起 3 年，提出实质审查的主体只能是申请人。中国对加快审查没有明确法律规定，但在实际操作中对发明专利申请确有加快审查程序，但有关文件、费用规定不够明朗。对发明专利申请实施早期公开，请求审查制，对实用新型、外观设计专利申请不进行实质审查，初审合格后即授权登记。新申请必须以中文递交，否则不予受理。优先权文件应于申请日起 3 个月内递交。要求优先权的申请人与优先权文件上的申请人不一致时，应当在申请日起 3 个月内递交转让证明。委托代理机构时要交委托书。

发明专利申请只有在提实审请求时，或在收到进入实审通知之日起 3 个月内，可以对申请文件进行主动修改。其他修改只能按审查员要求进行，或经审查员同意进行修改。实用新型和外观设计仅可以在申请日起 2 个月内对申请文件进行主动修改。发明专利保护期限为 20 年，实用新型、外观设计保护期限为 10 年，均自申请日起计算。发明专利办理授权登记手续时缴纳自申请日起第 3 年至授权前一年的维持费，授权当年的年费及公布和印花税，授权后每年都要缴纳年费以维持专利权有效。实用新型和外观设计缴纳授权登记费后每年都要缴纳年费，以维持专利权有效[17]。

4.1.2 马来西亚专利制度概况

马来西亚的首部专利法制定于 1983 年，并于 1986 年、1993 年、2000 年、2002 年、2003 年进行了修订，现行适用的是 2006 的修订版本。马来西亚在加强专利保护国内立法的同时，还积极加入了《巴黎公约》《专利合作条约》《建立世界知识产权组织公约》和《TRIPS 协议》等有关专利国际公约，从而提高了专利国际保护水平[18]。目前，马来西亚专利法所保护的客体包括具有新颖性、创造性和实用性的发明专利以及具有新颖性和实用性的实用新型。实用新型也被称为“小发明”，其在创造性和实用性的要求上低于发明专利，因此，两者在保护上也存在一定差异。例如，发明专利的保护期限为 20 年；实用新型专利的初始保护期限为 10 年，且可申请两次为期 5 年的续展，但总保护期限不得超过 20 年。在新颖性的判断上，马来西亚采绝对新颖性原则，即在专利申请日之前，全球任何地方任何通过书面、口头、使用或其他方式向公众公开的技术都构成先有技术；创造性要件则要求专利中的创造性步骤对于该技术领域的普通技术人员不具有显而易见性。在马来西亚，发现、科学原理、计算方法，除人造活性微生物、微生物过程及其产物以外的动植物品种或动植物生产过程，商业模式、思想活动或游戏的计划、规则或方法，通过手术或疗法用于人体或动物体的治疗方法以及在人体或动物体上实施的诊断方法都不具有可专利性。

马来西亚于 2006 年加入了《专利合作条约》（PCT）。因此，除了直接向马来西亚知识产权公司递交专利申请的渠道之外，马来西亚自 2006 年 8 月 16 日起也接受国际专利申请。此外，马来西亚允许专利或专利申请的司法转让，即在专利申请或专利所要求保护的必要技术特征是通过从他人发明中非法取得，那么原发明人可以在专利授权之日起的五年内，申请法院将专利或专利申请进行转让。

对于职务发明以及委托发明的权利归属，马来西亚采取雇主主义，即在无当事人明确约定的情况下，职务发明和委托发明属于雇主和委托人，职务发明不仅包括具有研发职责的雇员所研发的发明创造和实用新型，也包括劳动合同中未约定研发职责，但雇员主要利用雇主的数据或工具进行研发的发明创造和实用新型。

关于合作开发完成的发明创造，马来西亚专利法规定：在没有特别约定的情况下，合作开发完成的发明创造的专利申请人或专利所有人可以单独地转让或移转其在专利申请或专利上的权利、开发发明创造、采取行动制止第三人实施专利，无须获得其他专利申请人或专利权人的同意。但是，撤回专利申请、放弃专利或终止许可协议必须取得所有专利申请人或专利权人的同意。

他人未经许可，为了生产或经营目的而实施专利构成专利侵权行为，包括制造、进口、许诺销售、销售或使用专利产品，为进行许诺销售、销售或使用而储存专利产品，使用方法专利及使用、许诺销售、销售、进口依照该专利方法直接获得的产品的行为，均构成马来西亚专利法所规定的侵权行为[19]。

4.2 中国及马来西亚专利申请现状

4.2.1 中国在马来西亚专利申请现状

根据 WIPO Statistics Database 中 2017 年 12 月更新的数据，2011—2016 年，中国的专利申请涉及 50 个“一带一路”相关国家和 2 个地区知识产权组织——欧亚专利组织和海湾阿拉伯国家合作委员会专利局。如果计入这 2 个地区知识产权组织成员国的话，中国的专利申请将共计覆盖 55 个“一带一路”相关国家。

在 2014 年以前，中国在“一带一路”相关国家各年度的专利申请量均在 4000 件以下，虽逐年增长，但增长速率不太稳定。其中，2012 年的专利申请量增长 20.8%，2013 年仅增长 6.3%。2014 年以后，中国在“一带一路”相关国家的专利申请数量增长速率明显加快，且均保持在较高水平，增长速率达 25%，其中 2014 年的专利申请量已经超过 5000 件，增长 30.7%；2015 年超过 6500 件，增长 27.7%；2016 年超过 9000 件，增长接近 40%，达到 39.7%，如图 2 所示[20]。

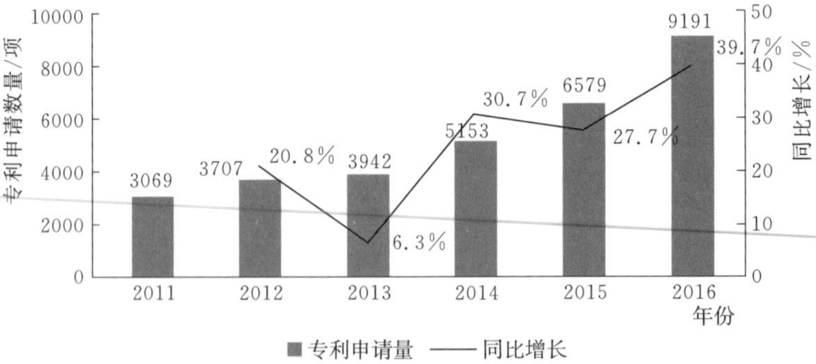

图 2　2011—2016 年中国在“一带一路”相关国家专利申请情况

为了解中国在马来西亚申请专利数量及类型，本文在智慧芽数据库中以“APNO：(MY) AND AN_COUNTRY：(CN)”检索式，检索操作时间为 2018 年 6 月 30 日，检索获得 525 条数据（部分），表示申请人国家为中国的申请人在马来西亚申请专利数据为

525 条。其中发明申请 396 项，占专利总数的 75.4%；外观设计 64 项，占专利总数的 12.2%；授权发明 48 项，占专利总数的 9.1%；实用新型 17 项，占专利总数的 3.2%。说明中国在马来西亚专利申请绝大多数为发明申请专利，具有较高的创新性和技术价值（图 3）。

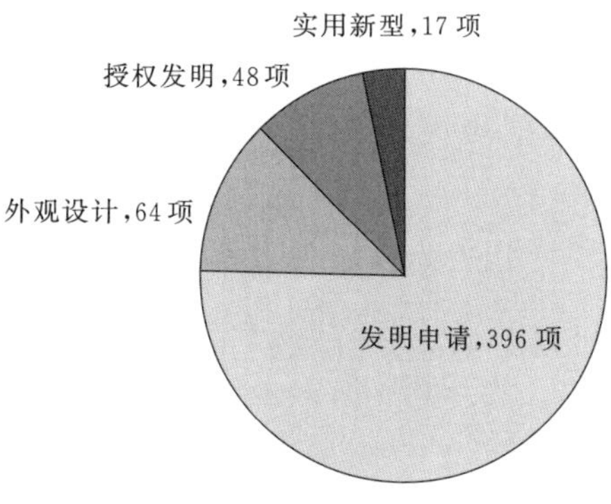

图 3　中国在马来西亚申请专利类型及数量

对检索获得的专利数据按照 IPC 分类大部进行统计分析，绘制出中国在马来西亚申请专利数据所属领域及数量条形图（图 4），中国在马来西亚申请的专利数据主要集中在化学、冶金、作业、运输、人类生活必需等领域，具有极强的工程实践特色，说明中国在对马来西亚重工业、工程实践领域的经济合作中具有极强的优势。

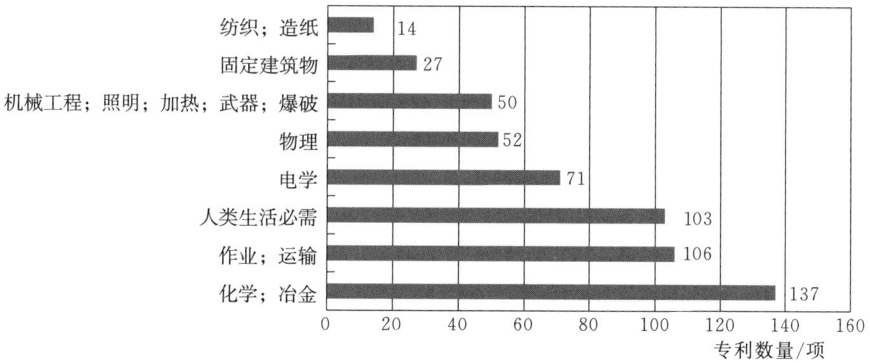

图 4　中国在马来西亚申请专利所属领域及数量

4.2.2　马来西亚在中国专利申请现状

在中国知网数据库中，选择中国专利数据库，采用 GDM＝‘MY’检索式，检索操作时间为 2018 年 6 月 30 日，检索获得数据量为 1716 条，根据检索结果，绘制出马来西亚在中国申请专利数量随时间分布折线图（图 5）。由图可知，马来西亚在中国专利申请总体

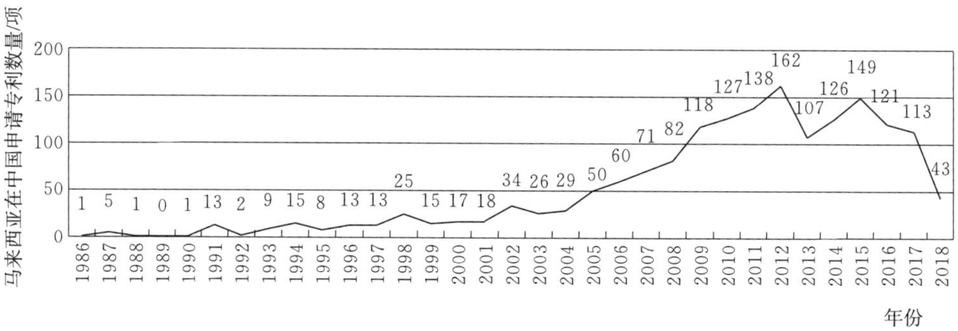

图 5　马来西亚在中国申请专利数量随时间变化折线图

趋势逐渐增多，在2012年达到最高值162项申请，此后虽有下降，但总体趋势仍在增多。这说明，马来西亚重视在中国的知识产权保护，并且从另一方面也说明马来西亚的创新力在逐渐增强。

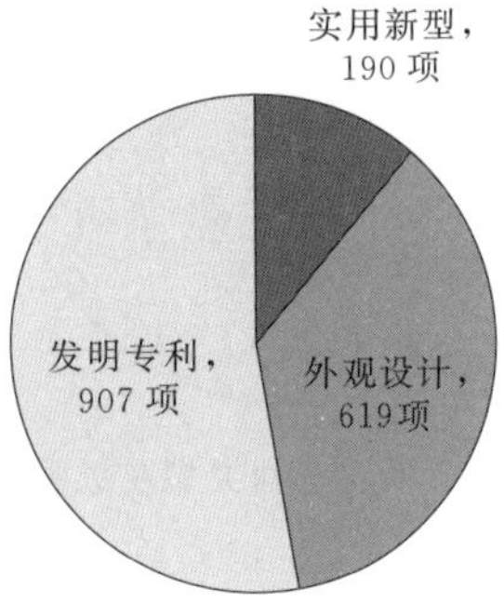

图6 马来西亚在中国申请专利类型及数量

如图6所示，在1716项申请中，实用新型专利共有190项，占专利总数的11%；外观设计专利共619项，占专利总数的36%；发明专利共907项，占专利总数的53%。说明马来西亚在中国的专利申请主要集中在发明专利，超过半数的专利申请都是发明专利。

为进一步了解马来西亚在中国专利申请的情况，如图7所示，本文统计了排名前10的专利申请所属领域，排名前10的专利申请领域分别是轻工业手工业、工业通用技术及设备、电力工业、建筑科学与工程、汽车行业、有机化工、电信技术、无线电电子学、机械工业、化学，其中轻工业手工业专利申请数量达到386项，占专利总数的22.5%，是马来西亚在中国专利申请的重点领域。排名第二的是工业通用技术及设备，专利申请数量达到220项，占专利总数的12.8%；排名第三的是电力工业领域，专利申请数量为153项，占专利总数的8.9%。由此可知，马来西亚在轻工业手工业、工业通用技术及设备、电力工业等领域具有一定的技术优势以及创新能力，这与马来西亚对中国的销售产品是符合的。

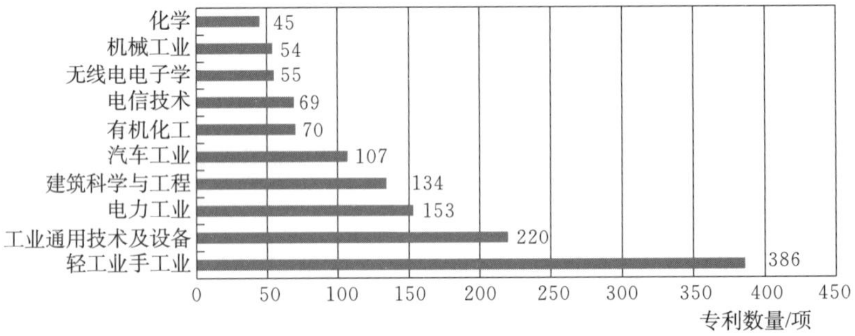

图7 马来西亚在中国申请专利所属领域及数量

4.2.3 中马两国专利申请类别对比分析

在智慧芽数据库中以“APNO：（MY） AND AN_COUNTRY：（MY）”检索式，检索获得21950条数据，表示申请人国家为马来西亚的申请人在马来西亚申请专利数据为21950条。根据专利所属IPC分类大类，绘制出马来西亚专利申请排名前15位的申请领域及数量图，如图8所示，专利所属领域代码及名称见表1。计算、推算、计数；电通信技术；医学或兽医学、卫生学等领域是马来西亚专利申请数量超过1000项的领域，说明马来西亚在这些领域具有极强的技术优势与创新能力。其次是测量、测试；基本电气元件领域，专利申请数量超过500项，说明马来西亚在这两个领域也具有一定的竞争优势。

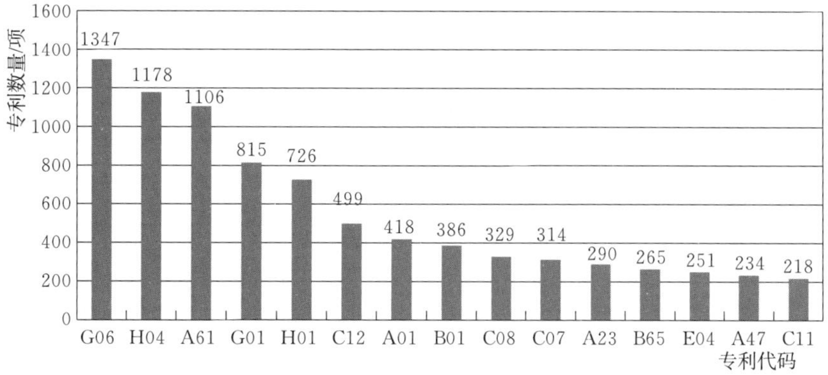

图 8　马来西亚本国申请人专利申请所属领域及数量图

表 1　　马来西亚专利分类代码及名称对照表（部分）

代　码	IPC　大　类　名　称
G06	计算；推算；计数
H04	电通信技术
A61	医学或兽医学；卫生学
G01	测量；测试
H01	基本电气元件
C12	生物化学；啤酒；烈性酒；果汁酒；醋；微生物学；酶学；突变或遗传工程
A01	农业；林业；畜牧业；狩猎；诱捕；捕鱼
B01	一般的物理或化学的方法或装置
C08	有机高分子化合物；其制备或化学加工；以其为基料的组合物
C07	有机化学
A23	其他类不包含的食品或食料；及其处理
B65	输送；包装；贮存；搬运薄的或细丝状材料
E04	建筑物
A47	家具；家庭用的物品或设备；咖啡磨；香料磨；一般吸尘器
C11	动物或植物油、脂、脂肪物质或蜡；由此制取的脂肪酸；洗涤剂；蜡烛
C10	石油、煤气及炼焦工业；含一氧化碳的工业气体；燃料；润滑剂；泥煤
B60	一般车辆
B29	塑料的加工；一般处于塑性状态物质的加工
F24	供热；炉灶；通风

同时对在智慧芽数据库中以“APNO：（MY）AND AN_COUNTRY：（CN）”检索式检索获得的数据，按照 IPC 进行分类，并选取排名前 15 的专利申请领域绘制中国申请人在马来西亚专利申请所属领域及数量图，如图 9 所示，专利所属领域代码及名称见表 1。由统计数据可知，中国申请人在医学或兽医学、卫生学申请专利的数量较多，但该领域也是马来西亚具备一定技术优势的领域。此外，有机化学，电通信技术，一般的物理或化学

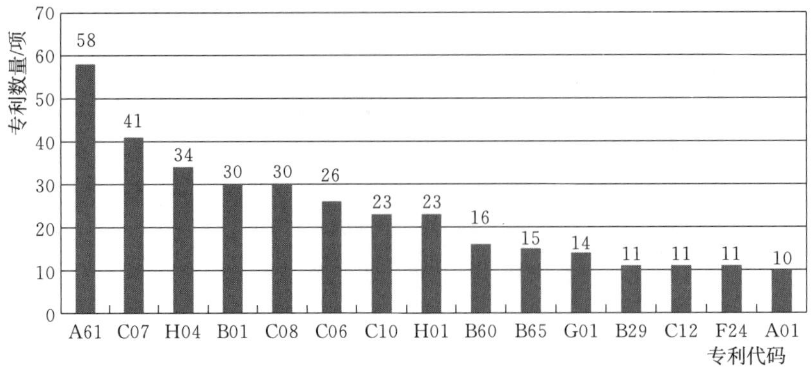

图 9　中国申请人在马来西亚专利申请所属领域及数量图

的方法或装置，有机高分子化合物、其制备或化学加工、以其为基料的组合物等领域，也是中国申请人申请专利较多的领域。

4.3　中马企业经济中专利竞争合作策略

在中国与马来西亚企业经济贸易合作方面，专利分析主要涉及生产合作和研发技术合作领域，因此，可以将中国与马来西亚企业经济合作专利分析目标划分为以下 4 个方面：①中国在马来西亚申请专利的目标；②马来西亚在中国申请专利的目标；③中国对马来西亚贸易中，与马来西亚企业专利合作的目标；④马来西亚对中国贸易中，与中国企业专利合作的目标。

4.3.1　企业外围专利竞争策略

国外企业针对竞争对手的基本专利战略，最常用的是外围专利战略。外围专利战略又称专利网战略，是指企业围绕自己或他人的基本专利，开发与之配套的外围技术并及时申请专利的战略。围绕自己的基本专利形成专利网，可最大限度地保护核心技术以维护自己的垄断地位。围绕他人的基本专利，及时开发相应的应用技术并申请专利，形成包围基本专利的专利网，是积极改变被动局面、突破基本专利垄断的战略。如运用得当可造成与基本专利分庭抗礼之势，使企业在缺乏基本专利的情况下与核心技术持有方平分秋色。我国企业在技术上与发达国家还存在一定的差距，表现在基本专利不多，应积极主动地考虑采用这一战略，采取“农村包围城市”的方式，通过“市场换技术”或专利许可的方式获得本领域的核心技术，然后，围绕这些核心技术进行研发，构筑起严密的外围专利网，从而牵制掌握基本专利的跨国公司不能轻易地对国内相关行业发动“专利战”[14]。

虽然中国与马来西亚在经济上是采取合作策略，但实际中不可避免会有竞争，因此中国企业在面对马来西亚企业的竞争，应主动采取外围专利竞争策略，围绕马来西亚有机化学；电通信技术；一般的物理或化学的方法或装置；有机高分子化合物、其制备或化学加工、以其为基料的组合物等领域开展外围专利布局，积极改变被动的局面，突破马来西亚基本专利垄断。

4.3.2　企业生产研发合作策略

建立企业专利技术联盟可以促进联盟内部企业的知识共享，将联盟成员的专利组合形成专利池，实现联盟内部的专利交叉许可，技术共享，有助于成员间互通有无，避免重复研究，降低技术风险，节省交易成本和研究费用。当遇到联盟外的企业侵权时，可以利用联盟体的力量对所发生侵权行为进行打击；同时，当联盟受到其他企业的专利侵权警告或诉讼时，可以共同应对，分担应对知识产权诉讼的费用和成本。然而，专利技术联盟无法直接提升企业的研发实力。国外企业在面对该情况时，大都采取共同研发的专利挖掘策略[21]。

企业专利合作策略可以实现合作共赢，双方企业成立专利联盟，共同构建专利池，实现资源共享互动，在马来西亚计算、推算、计数；电通信技术；医学或兽医学、卫生学等领域，采取研发合作策略，避免针锋相对，不仅可以降低技术风险，节省交易成本，还可以实现双方企业的互惠共赢，实现专利价值的最大化。

5　面向中马企业经济合作的专利分析系统构建

5.1　数据挖掘在专利分析中的应用

5.1.1　数据挖掘方法和技术

数据挖掘是将统计学、数据库技术、信息检索技术、机器学习、数据可视化和模式识别与人工智能等领域有机结合起来的一种技术方法，它能综合集中各个领域方法的优势，能从海量数据中挖掘到其他传统方法难以发现的有用知识[22]，在每种数据挖掘方法的实现过程均涉及一些重要算法和模型，数据挖掘方法主要有以下几种。

（1）预测建模方法。预测建模分为两大类：分类和回归。回归模型主要包括线性回归和非线性回归，非线性模型在一定情况下可以变换转化为线性回归模型。分类模型可以作为解释性的工具，用于区分不同类中的个体，同时也可以用来预测记录的类别。常用的分类方法有：决策树方法、基于规则的分类方法、支持向量机分类技术、神经网络、贝叶斯分类方法、组合分类方法、最近邻分类方法等。

（2）关联分析方法。关联分析方法可以发现隐藏在大型数据集中有意义的联系。这种联系可以用关联规则来表示。在使用关联规则时，需要考虑两个问题：①从大数据集中发现模式可能效率很低；②所发现的某些关联可能是毫无意义的。支持度这一度量可以删除那些毫无意义的关联规则，置信度可以度量规则的可能性大小。关联分析的算法主要有：Apriori 算法、DHP 算法、DIC 算法和 FP—增长算法等。

（3）聚类分析方法。聚类分析是将数据划分成具有意义的组。聚类算法的选择应由数据类型、聚类目的和应用决定。主要的聚类方法有：划分方法、层次方法、基于密度的方法、基于网格的方法、基于模型的方法等。

（4）异常检测方法。异常检测，也称偏差检测。异常检测的目标就是发现与其他大部分数据点不同的数据点。不平凡的事物往往都具有异乎寻常的重要性。异常检测方法主要有：基于邻近度的技术、基于模型的方法、基于密度的技术等。

5.1.2　数据挖掘对专利分析的影响

专利分析是以专利文献为分析对象，就是从专利文献中，通过统计或其他分析方法对专利信息进行加工、整理和分析，最终采集到专利情报和谋略[23]。数据挖掘方法对专利分析的影响主要包括以下几个方面：

（1）数据挖掘可以实现海量信息分析。传统专利信息分析是以统计学为基础，通过对专利信息的统计，分析出其中隐藏的知识及其关系，这种分析方式只能应用于小数据分析，难以适用于海量的专利数据分析，而数据挖掘则依靠计算机技术，通过算法模型来实现数据分析，可以处理海量的专利数据信息。

（2）数据挖掘分析的结果更具深度。面对海量的专利文献数据时，分析工作量繁巨，而且分析结果也只停留在表层，导致分析结果不够透彻。而通过数据挖掘方法则能深入到专利文献的词汇语言，分析海量数据中潜藏的知识及关系，因此数据挖掘分析的结果更具有深度。

（3）数据挖掘分析效率更高更快。数据挖掘是以计算机技术为基础，通过算法模型来进行数据分析，其分析效率依赖于算法和模型的优化程度以及硬件设备的处理速度，相对于人工的文本分析和统计分析，计算机的处理速度更快，应用数据挖掘方法进行专利分析效率更高。

（4）数据挖掘与分析的结果可视化。数据挖掘分析的结果可以以可视化的知识图谱方式呈现，分析结果更加形象和直观，通过图谱表现出专利信息中各种知识的关系以及发展趋势，能够有效地为企业提供决策支持和参考。

5.2 专利数据挖掘与分析的步骤

与一般专利分析过程相似，专利数据挖掘与分析主要分 3 个阶段：数据采集与准备、数据挖掘与分析、结果评价与表达。数据采集与准备阶段主要是在数据检索的基础上，完成对大量专利数据的选择、筛选、转换、缩减等步骤，数据准备阶段的工作好坏将影响到数据挖掘的效率以及准确性，并最终影响分析模式的有效性，在数据准备阶段可以清洗在挖掘过程中无用的专利数据，从而提高数据挖掘的效率和准确性；数据挖掘的工作首先需要选择相应的挖掘实施算法，例如决策树、分类分析、聚类分析、粗糙集、关联规则、神经网络、遗传算法等，然后对数据进行分析，从而得到专利知识的模型；结果评价和表达主要是确定知识的模式模型是否有效便发现专利信息中潜藏的有意义的知识及模型（图 10）。

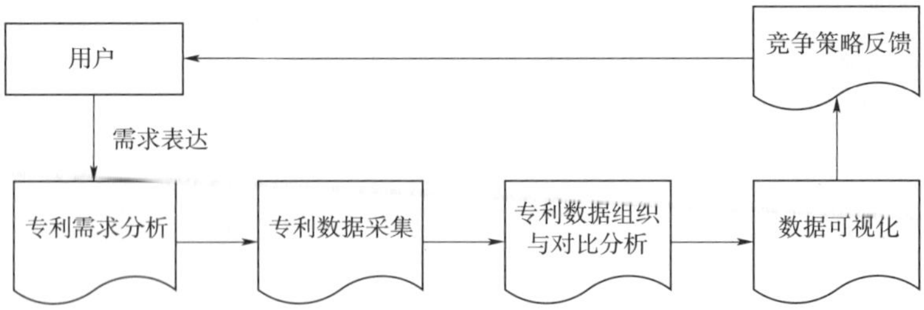

图 10　专利数据挖掘与分析的一般流程

专利数据挖掘与分析以专利数据库为数据源，通过设置数据挖掘规则，编写相关挖掘分析算法进行海量的专利数据挖掘与分析，基于以上分析和相关研究，本文将中国马来西亚专利数据挖掘与分析划分为专利需求分析阶段、专利数据采集阶段、专利数据组织阶段、专利比对分析阶段、数据可视化阶段、竞争策略反馈阶段，并以此构建面向中国和马来西亚企业经济合作的专利数据挖掘与分析系统。

专利需求是指中马企业用户对于经贸合作中的专利分析需求，这一阶段需要用户对自己的需求进行明确的表达和阐述，研究人员在掌握用户需求后进行分析研究，设计研究方案和计划；专利数据采集是指研究人员在掌握需求的基础上，对专利数据库进行专利数据采集，由于专利具有一定的滞后性，因此需求对多个数据库进行数据采集；在采集完专利数据后，需要对专利数据进行规范化组织，使之成为结构化的专利数据资源，然后根据用户需求对专利数据进行比对分析，并通过可视化的知识图谱展示出来；研究人员在比对分析完专利数据后，根据用户需求提出针对性的专利竞争合作策略，供用户选择、决策。

5.3 专利数据挖掘与分析系统整体结构

基于需求和可行性的分析，构造出如图 11 所示的专利数据挖掘与分析系统结构模型，专利数据挖掘与分析系统包括资源层、应用层、服务层以及用户层，系统主要面向中国以及马来西亚经济合作企业，因此企业用户是其主要用户，而用户可以在系统界面进行检索、分析和浏览等操作。

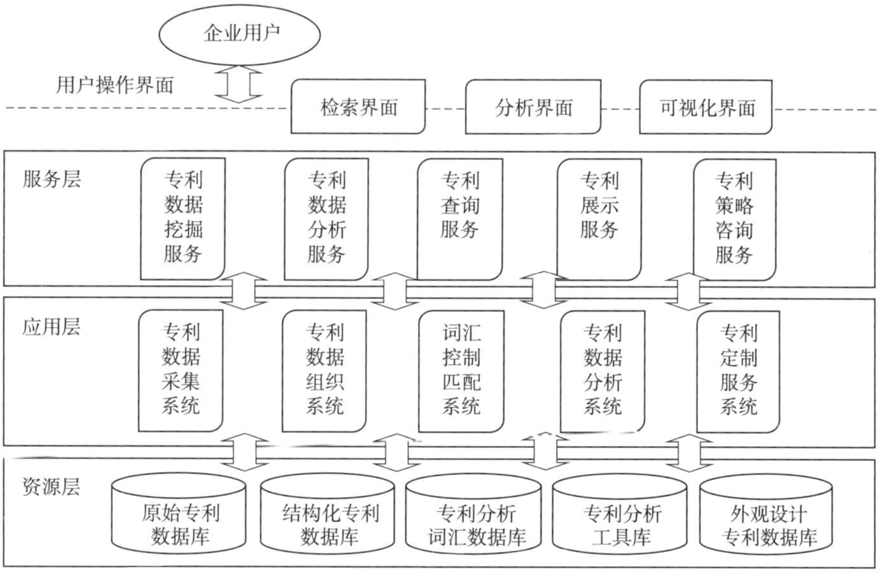

图 11　专利数据挖掘与分析系统结构

资源层包括原始专利数据库、结构化专利数据库、专利分析词汇数据库、专利分析工具库、外观设计专利数据库。原始专利数据库主要是从各专利局数据库中采集、挖掘的专利数据信息；结构化专利数据库是在对专利数据整理、组织的基础上，将非结构化的原始专利数据序化成结构化的专利数据，便于后期的检索、分析。专利分析词汇数据库包含两个子数据库，其中一个数据库收纳有各种专利词汇的同义词、近义词；另一个数据库收纳各领域新词汇，以便企业能够及时掌握和了解技术发展态势；专利分析工具库是包含各种专业分析专利数据的工具，如专利地图工具、聚类分析工具等。外观设计专利收据库，收录各领域外观设计专利的图片及相关信息。

应用层主要是在资源层的基础上构建相应系统，主要包括专利数据采集系统、专利数据组织系统、词汇控制匹配系统、专利数据分析系统、专利定制服务系统。专利数据采集系统主要通过开放数据接口挖掘各数据库中的专利数据，并将数据收录到企业的数据库中，实现对专利数据资源的掌握。专利数据组织系统，根据相应的词表对专利数据进行整理组织，使之成为结构化的专利数据。词汇控制匹配系统针对专利文献中同义词、近义词进行对比匹配，避免遗漏同义词近义词相关的专利数据。专利数据分析系统则是选择合适的专利分析工具对专利数据进行分析，发现技术前沿领域。专利定制服务系统则是根据企业需求进行个性化定制服务。

服务层主要是与应用层系统紧密结合，面向企业用户围绕专利提供从初级的查询服务到高级的决策咨询服务等多种专利分析服务，包括专利数据挖掘服务、专利数据分析服务、专利查询服务、专利展示服务、专利策略咨询服务等。同时也可以根据用户的实际需求，进行个性化的专利定制服务。

5.4 专利数据挖掘子系统结构

从专利数据挖掘与分析流程来看，其主要功能模块包括两方面，一是专利数据挖掘；二是专利数据分析。其中专利数据挖掘系统直接面向中国和马来西亚企业用户，因此在构建专利数据挖掘子系统时首先必须考虑多语种分析问题，实现中文和英文无障碍输入与分析的功能；其次应该注意系统使用对象是中国和马来西亚企业，必须实现企业需求个性化定制服务，如针对东盟国家的专利分析等。基于上述分析，参考相关研究[24]，构建如图12所示的专利数据挖掘子系统，面向中国和马来西亚企业合作经济的开展专利数据挖掘应用。

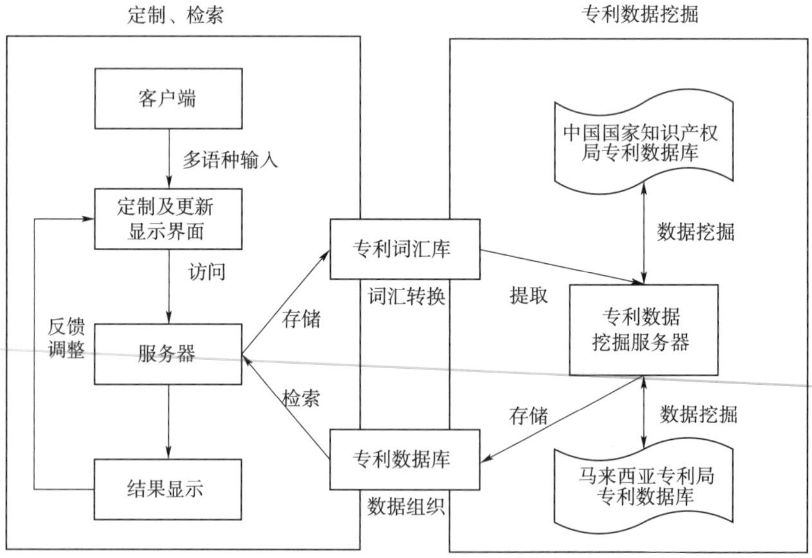

图12　专利数据挖掘子系统结构

专利数据挖掘子系统主要实现定制化的中国及马来西亚专利数据的挖掘功能，用户提出专利分析需求后，研究人员可以通过多语种的输入，设置一定的检索词，如对专利的类型、专利号、分类号等字段进行限制，构造合适的检索式，在输入检索式后系统自动判断并访问服务器，对输入词汇中具有近义词、同义词的专利词汇进行转换与扩展，然后通过专利数据挖掘服务器对中国及马来西亚专利数据库进行专利数据的挖掘和爬取，并将挖掘到的专利数据反馈到专利数据库中。专利数据库中可根据需求设定数据模型，实时地对挖掘到的数据进行整理和组织，使之变成结构化的数据。在完成对专利数据的组织后，系统将结构化的专利数据按一定规则、类型等存储到结构化专利数据库，搭建专利数据分析的数据支撑资源，便于后期的分析利用。

5.5 专利数据分析子系统结构

大数据时代，“人＋技术＋数据”是实现情报服务的普遍模式。研究人员是专利数据分析中的关键，系统平台则可对研究人员进行辅助，在工具、方法选择，数据挖掘、组织等方面提供帮助，而挖掘和组织后的专利数据资源则是提供专利分析服务的基础。同时，从面向对象而言，专利数据分析子系统必须实现专利竞争合作策略分析功能，在“人机”交互的过程中提供决策咨询。在相关研究的基础上[24]，构建了如图 13 所示的面向中国—马来西亚企业经济合作的专利数据分析子系统结构。

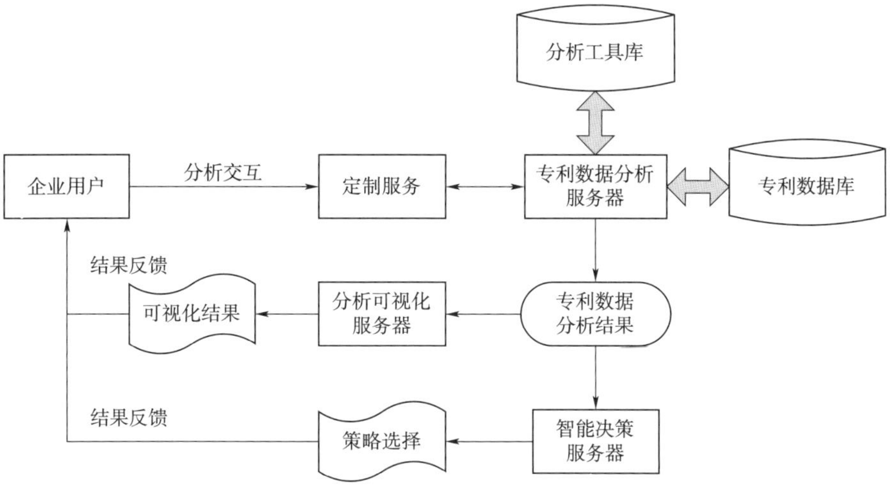

图 13　专利数据分析子系统结构

专利数据分析子系统包含三大部分功能：一是对专利数据进行挖掘分析功能；二是对专利数据中存在的关联知识进行可视化展示；三是根据挖掘分析产生的关联知识进行智能决策判断，通过三大功能提供个性化定制的专利分析服务，通过数据挖掘与分析、知识图谱可视化、人工智能技术等实现决策咨询。

企业用户将专利分析需求输入至客户端中，形成定制化服务，研究人员根据定制化的需求表达进行专利数据分析，子系统根据定制化设置自动进行分析工具的选择和专利数据库的访问，实现工具、数据和分析服务的最佳匹配，通过“人＋技术＋数据”实现专利数据的分析应用。研究人员在完成专利数据分析后，将分析结果传递至可视化服务器，基于知识图谱可视化技术，对专利数据中存在的语义关联等知识关系进行可视化展示，形成分析结果的可视化。同时，分析结果也会输送至策略分析服务器，利用数据驱动的智慧服务平台进行策略判断和选择，同时根据用户的需求进行专利策略的选择与推荐。可视化结果及策略选择都会及时反馈给用户，以达到服务企业经济合作的目的。

6 总结及展望

中国和马来西亚两国经济联系紧密，本文对中马两国专利数据进行挖掘和分析，在阐述“一带一路”倡议对中国和马来西亚经贸合作的影响的基础上，对中国和马来西亚两国专利申请现状进行深入分析，在一定领域内中国和马来西亚企业存在竞争，但两国企业相互合作提出中马两国在企业经济贸易合作方面的专利竞争合作的措施和策略，在介绍专利数据挖掘与分析技术发展的基础上，以此构建出面向中国—马来西亚企业经济合作的专利数据挖掘与分析系统，从系统功能和企业需求两方面出发，设计出专利数据挖掘子系统及专利数据分析子系统结构。但相关研究仅仅停留在理论阶段，缺乏对技术实现层次的研究和分析，尚需后续的深入研究和实践的检验。

参 考 文 献

[1] 马飚．泛北合作成效显著　合作共建产业园区［N］．广西日报，2012-07-13（3）.

[2] 陈积敏．正确认识“一带一路”［J］．商业观察，2018（7）：72-75.

[3] 陈琼娣，余翔．国外在华发明专利格局与技术结构研究——基于1993—2007年国外在华发明专利数据的分析［J］．情报杂志，2009，28（6）：24-29.

[4] 柯平，高洁．信息管理概论［M］．北京：科学出版社，2007.

[5] 柳福东．马来西亚的专利制度［J］．中国发明与专利，2010，（10）：104-105.

[6] 柯涛，赵敏．广西—东盟专利现状分析与经贸发展对策研究［J］．广西大学学报（哲学社会科学版），2005，（4）：1-4.

[7] 王帆乐，刘雪凤，赵杰，等．中国-东盟国家知识产权保护合作机制的构建［J］．中国科技论坛，2016，（7）：135-141.

[8] 孙全亮，王雷．一带一路沿线国家和地区专利分布格局解析［J］．中国专利与商标，2016，（1）：13-23.

[9] 秦超．基于专利数据挖掘的混合动力车柴油发动机专利分析［J］．企业科技与发展，2014，（4）：4-8.

[10] 林宇．浅谈专利信息数据挖掘在企业制定技术创新决策中的应用［J］．福建电脑，2013，（2）：118-119+102.

[11] 朱新超，潘薇，刘会景．数据资源集成技术专利分析——以八国两组织专利数据为例［J］．情报工程，2016，（2）：97-104.

[12] 张群，张柏秋．燃料电池车专利情报研究——基于Innography专利分析平台［J］．情报杂志，2014，（7）：38-43.

[13] 金一峰，苗春雨．专利地图分析软件中的数据挖掘技术［J］．职业，2012（17）：154-156.

[14] 黄家泉．马来西亚相遇中国“一带一路”倡议——背景与机遇的探讨［J］．文化软实力，2017，2（2）：5-9.

[15] 张明倩，邓敏敏．中国与“一带一路”沿线国家跨国专利合作特征研究［J］．情报杂志，2016，

35（4）：37-42，4.
[16] 叶阳平，马文聪，张光宇．中国与“一带一路”沿线国家科技合作现状研究——基于专利和论文的比较分析［J］．图书情报知识，2016（4）：60-68.
[17] 润平知识产权．美国、日本、韩国、中国等几个主要国家专利制度分析、对比及启示［EB/OL］．［2018-6-30］．http：//www.runping.com/201312/1160.html.
[18] 唐新华．马来西亚知识产权制度研究［J］．法制与社会，2018（7）：22-24.
[19] 美国奥睿律师事务所．“一带一路”沿线国家知识产权制度解读——东南亚之马来西亚篇［EB/OL］．［2018-6-30］．https：//www.sohu.com/a/218901965_779735.
[20] IPRdaily中文网．中国在“一带一路”相关国家—专利申请主要数据：2011—2016年［EB/OL］．［2018-6-30］．http：//www.iprdaily.cn/news_18445.html
[21] 贡军．浅谈企业应对竞争对手基本专利战略的策略［J］．中国发明与专利，2016（2）：27-32.
[22] 汪明．数据挖掘综述［J］．河北软件职业技术学院学报，2012，14（1）：45-48，67.
[23] 陈燕．专利信息分析与采集［M］．北京：清华大学出版社，2006：59-60.
[24] 王伟琼．专利信息采集及分析系统设计与开发［D］．杭州：浙江大学，2008.

07 信息开发

面向中国—马来西亚企业经济合作的隐性知识挖掘系统构建研究

高文翰

（广西民族大学管理学院，广西　南宁　530006）

摘　要： 随着知识经济时代的到来，中国与马来西亚两国经济合作的不断加深，知识作为目前背景下最重要的战略资源受到了各界的关注。本文从企业实际出发，通过案例这一中介，构建了企业隐性知识挖掘系统模型，为在知识经济时代两国企业可持续发展做出努力。

1　引言

1.1　研究背景和研究意义

1.1.1　研究背景

近年来中国与马来西亚两国经济合作不断加深，两国企业作为经济发展的重要环节，经济合作也越来越呈现出既广泛又深入的发展趋势。为促进中马企业的可持续发展，开展了本课题的研究。

随着计算机与网络的全球化推进，基于网络技术的信息以及管理信息系统随着互联网走向全球。在此背景下，企业购买原材料，原材料加工和新产品销售等几个方面取得相当进展，与此同时，各行业企业的市场规模逐步扩大。紧随其后的就是知识经济时代的到来，企业的其他资源所占比重逐步下降，知识资源一跃成为首位。所以其经营方式与从前相比自然有了变化，知识资源的管理成功与否，成为企业兴衰的命脉。

1.1.2　研究意义

经济合作和发展组织（OECD）发布了“知识经济”的定义，将依靠知识资源和知识创新的经济模式归纳为知识经济。过去几十年中各行各业都被知识经济侵袭，据统计，OECD 所属国中有一半的生产总值都是依赖知识创新、转移和使用产生的。企业的管理者在这种知识经济浪潮中幡然醒悟，有意识、有组织地进行知识挖掘、知识创新与知识共享等知识活动，为迎接知识经济下的种种挑战壮大其知识资源。

知识可以按照复述的简单与否分为两类：①显性知识，这类知识可以从文献中学习，可以口口相传；②隐性知识，这类知识大都隐藏于人脑中，不易被察觉，更不易被表述，例如熟能生巧、诀窍、领悟等。

有学者认为：显性知识是冰山一角，那隐性知识就是其水下的绝大多数。换句话说，隐性知识的挖掘比显性知识更难，却同样是企业知识资源储备的重要组成部分。有研究认为，隐性知识占人类知识总量的九成以上。显然，隐性知识的挖掘工作就是企业知识资源挖掘的重中之重。

由此可见，构建企业隐性知识挖掘系统对于企业发展以及中马产业经济合作都具有重大意义。

1.2 研究内容及框架

1.2.1 研究内容

首先，本文对目前国内外知识挖掘理论体系的研究进行全面、系统的分析与研究，从而归纳总结出现有的知识挖掘理论，用以开展后续研究工作。

其次，本文通过案例研究，找到生产工作中蕴含的未被人发现的隐性知识。在对案例的集中学习、体验过程中，会有一部分隐性知识不被人察觉地印刻在员工脑海中，以供在日后工作中慢慢消化和吸收，这样就达到了知识挖掘的目的，也就是知识共享、知识使用、知识创新。同时，在某些特定的环境下，由管理者加以引导，员工头脑中的这些隐性知识将有可能转化为可被人理解、容易传播的显性知识。本文通过建立企业的专家员工库、案例知识库构建隐性知识挖掘系统，进行隐性知识挖掘。

再次，本文构建了一个基于案例的隐性知识转化模型，以便企业将隐性知识转化为可供人使用、传播的显性知识。本文的知识转化过程首先是对案例的分析、学习，再由管理者进行特定的引导，将其头脑中不易表达的隐性知识进行加工总结，将其转化为容易被人理解、使用的显性知识。

最后，提出一个基于案例库和专家库，可供员工按需检索学习的隐性知识挖掘系统。

本文的主要工作就是建立案例库和专家员工库，使其将不易表达的隐性知识转化为显性知识。实现流程为首先在案例库搜索相似案例，如果相似案例，则可通过分析该案例，学习到相关隐性知识，如果未能解答，则需联系相关专家进行交流解决，也可达到学习相关隐性知识的目的。

如此一来普通员工吸收隐性知识，终有一天成为某类问题的“专家”，加入该企业专家库，周而复始以达到隐性知识挖掘为企业服务的目的。

1.2.2 研究框架

（1）交代研究背景与意义、交代研究内容和大致研究框架。

（2）对隐性知识挖掘系统所需相关概念进行界定，并对国内外研究现状做出综述。

（3）描述隐性知识显性化的基本路径，并基于此基本路径建立隐性知识显性化系统模型。

（4）总结本文主要研究内容，并对未来做出展望。

2　概念界定与研究综述

2.1　隐性知识挖掘系统相关概念的界定

本文研究的对象是企业隐性知识。为不造成歧义，不给阅读者造成麻烦，下面将对相关概念进行界定。

2.1.1　知识的概念

哲学领域看来，知识的概念是富有争议性的。柏拉图提出了知识的 3 个必要条件：①已经被证实；②语义精确；③获得大多数赞同。Piaget 认为，知识是由社会中的个体生产生活中与万事万物互相作用的产物 ，知识能够划分成两种：① 数学知识。数学知识是指人类认识万事万物过程中行为举止，是对事物做出基本判断的根据；②物理知识。是说人在认识社会以及万事万物过程中，对其相互作用关系的认知。Davenport 和 Prusak 认为"知识是人类智力活动加工出来的、指导下一步动作的信息"。

2.1.2　隐性知识的概念

按知识属性可将知识管理的对象分为两种，一种是显性知识，另一种是隐性知识。显性知识是指具体的、可以被传播共享的知识。显性知识容易被编码，所以可以通过文件、磁盘等方式进行高效管理。问题是与人类的知识总量相比，显性知识只占了一成。显然隐性知识体量比显性知识大得多，也就意味着隐性知识值得被开发、挖掘。

在学术界，德谟克利特是古希腊的著名哲学家，他很早就将知识划分为两类：真实知识和暗昧知识。其中暗昧知识是指"视觉、听觉、唤觉和触觉，较之真实知识存在本质的不同"[1]。多年后，亚里士多德提出了自己的看法，他认为知识可以归纳为 3 种：理论型知识、事务型知识以及实践的智慧。他提出人类生产生活中总结的经验教训就是实践智慧[2]。1958 年 Michael Polany 在《人的研究》一书中首次提出了"隐性知识"，书中认为，隐性知识是一种隐晦的，不易表述出来的，不易察觉但确实在行动中指导行为的知识。人类最先对隐性知识研究就是他 1966 出版的《隐性方面》一书。但因隐性知识不便传递等独有属性，20 世纪 60 年代，隐性知识的存在才被 Reber 和 Weiskrantz、Warrington 等人进行的内隐学习实验、内隐记忆实验所证实[3]。从此开始，其他领域学者也加入对隐性知识研究的队伍。Robert J. Sternberg 认为"隐性知识具有行为导向性、程序性等特点，不许别人帮助即可获得是个人价值实现的必要因素。"[4]。Peter f. Drucker 从管理学入手，他认为，隐性知识是不可用语言来描述，却能印证它真实存在的知识。隐性知识的主要获取途径是练习与领悟。日本管理学大师 Ikujiro Nonaka 认为，隐性知识包含指导人实践的想法、信仰与观点，这些内在的看问题方式与生活习惯，对人们认识外部环境起到决定性作用[5]。

2.1.3　隐性知识挖掘的概念

Teece 在 1977 年首次提出知识转移理论，他提出通过技术转移能够促进企业对有用的知识进行积累从而使技术得意扩散出去，进而将两地的技术差距拉近。Vito Albino 等学者构建了知识转移的框架：转移主体（actors）、转移意境（context）、转移内容（content）和转移媒体（media）。C. W. Holsapple 和 M. Singh 在 2001 年构建了知识链（K－

Chain）模型，认为知识链的产出是各个阶段知识学习活动的产物。Thomas 和 Heights 认为，通过叙述事件可以达到转移隐性知识的效果，并通过实验进行了验证。2004 年斯图尔特（Stewart）提出，隐性知识并非一定转化成显性知识才能使用，他认为构建人物性格、爱好、习惯的档案，并使其他人阅读学习，也可以实现隐性知识的转移与共享[6]。

Ikujiro Nonaka 针对关于组织内部的知识转化提出了 SECI 模型，该模型可以很好地进行知识转化。他提出了在组织内部源于隐性知识的隐性知识和显性知识相互转化的知识创造螺旋模型（SECI），此模型显示，组织内部的知识大都始发于员工个人的隐性知识，通过社会化（Socialization）、外在化（Externalization）、整合（Combination）和内部化（Internalization）4 个过程，按环节逐渐从个人知识转化为团体知识，再转化为组织知识，由此达成了知识创造的螺旋式上升[7]。

我国相关领域的学者通过提出并使用一些模型，对隐性知识显性化的问题进行了深入探索。周寄中建立了基于隐形技术的只是吸收模型，他认为隐性技术知识转化的重点是吸收能力，这很好的攻克了技术转移的重点问题，但局限是只有蕴含隐性知识的技术引进过程才可以使用该模型[8]。赵西萍认为知识管理的影响因素可以分 3 种：管理性因素、外部环境因素和内部环境因素，阐述了 3 种影响因素对组织知识管理的作用机制及因素之间的相互作用机制，同时构建了知识管理影响因素概念模型[9]。王洪伟等学者对隐性知识的转移和共享进行了深入研究，研究了知识管理中组织学习的作用效果，提出了企业知识整合模型[10]。

2.2 隐性知识挖掘相关研究综述

2.2.1 隐性知识研究综述

1. 国外研究现状

1958 年，Michael Polanyi 表示了隐性知识的观点，随后，引起了国内外学者的广泛讨论。通过搜集许多相关文献，并将其整理、分析，不难发现可对该部分的研究分为了两个方面：一是，隐性知识的研究前提是个体层面，延伸了 Michael Polanyi 的观点；二是，隐性知识的研究前提是组织层面，丰富了隐性知识的内在含义。

（1）基于个体层面。作为英国的物理化学家和哲学家，Michael Polanyi 认为知识可以分为两个类型：一是显性知识，其定义为能以文字、公式等体现出来，同时可以将其采用纸质或电子的方法存储记录下来，易于被个体之间相互传播、相互学习；二是隐性知识，该类型知识不能用语言、文字等形式表达出来，其存在于头脑之中，不能够被轻易地在个体之间相互传播。Polanyi 将隐性知识进行类比，即将你所熟知的人的面孔的图放到大量的人的面孔图像中，你能轻易地辨认出那个人的面孔，但问你是如何辨认出来，你自己也不能讲出理由，这就是无法用言语进行体现的知识[11]。

作为管理学家，P. F. Durcker 认为，隐性知识不是一个独立的个体，需要以某种方式将其表达出来，而这种方式即是载体，可以理解为是人的情感的体验和经验。换句话说，如果某个个体拥有一些技巧，需要通过表现展示出来，而不能用语言表达出来。因此，如果想学习该技巧则需要通过模仿和自我感悟来学习它[12]。

日本的 Ikujiro Nonaka 延伸了 Polanyi 关于隐性知识的看法，并认为隐性知识存在个人属性，不能用文字记录下来并将其存储，因此，隐性知识在实际的传播和学习过程中是很困难的，同时也不能对其进行规范化和约束化的处理。另外，Ikujiro Nonaka 认为隐性知识也具有认知层面的隐性知识的特点，该特点包括个体的信仰、价值观、世界观等[13]。

1985 年，基于认知心理学专业的视角，R. J. Sternberg 认为隐性知识为个体在所拥有的切身经历中获取，一般别人的帮助并不重要，与专业知识不同的是其实用性更强，可以将其认为是程序性知识[14]。

Rosenberg 认为，在实际使用过程中，隐性知识的特点就是不能说出理由，但却明白知识的来由。同时，他还提出了隐性知识来源于方法、技术、诀窍等技术方面以及世界观、价值观等认知层面[15]。

1991 年，Wagner 和 Durcker 都提出了隐性知识存在不能用文字、公式等表达出来的特点，因此，这使得隐性知识在个体之间的传播学习的过程中存在困难，需要个体在工作中的总结与感悟以及其他方式来取得[16,17]。

（2）基于组织层面。Nelson 和 Winter 认为可以在隐性知识中融合进去“组织惯例”（Organizational Routine）。他们同时提出，在大量的组织中，做某件事的方法登记在组织惯例中，而组织中的个体在学习该方法时，则采用了模仿的方法在实际操作中来学习运用。在组织群体中的惯例与个体的技术和诀窍相同[18]。

Collins 和 Blackler 提出隐性知识存在两个特征的观点，两个特征是指个体载体性和组织载体性。个体载体性是指隐性知识隐藏在个体的大脑中，包含技术。技巧等，个体的不同引起对技巧、技术的理解不同；组织载体性指的是组织也存在一定的隐性知识，它是指那些存在于组织当中的文化、气氛、经验等[19,20]。

Hedberg 提出了隐性知识在个体和组织之间存在一定的辩证关系。组织的学习实际上就是其中个体的学习，但与个体学习之后的简单组合不能画等号。组织中的每个个体都具有自己的思想和逻辑，而组织是没有的，但是组织存在认知体系和系统记忆。通过观察组织的系统记忆可以发现，该记忆中存在核心管理者或个体的痕迹，并在组织的记忆中，某一阶段具有相应的行为、价值观等[21]。Lam 借鉴已有文献的基础上构建了完善的理论模型，她提出组织是知识的载体，是知识转移的场所，她认为知识—组织—组织学习间是嵌套式关系[22]。

2. 国内研究现状

国内学者也对隐性知识治理进行了深入研究，并在获取方法、隐性知识转移、知识创新的角度取得一定进展，本文认为我国学者对其进行研究的成果可以分为 3 类：①深入研究其内在的主观性；②隐性知识转化显性知识的一般路径；③其与知识创新的作用形式。

（1）内在的主观性。借鉴已有文献，游达明、朱思文等提出了隐性知识的特点：难以用语言描述，难以转化等[23]。

王鸥指出人类的思维、人生观等在经历事件后自然形成且不易被发现的隐性知识因其经历不相同所以是复杂化的，且不易被编码[24]。

有学者在 Polanyi、Durcker 和 Nonaka 等文献的基础上提出，企业内各级组织，小到个人都能找到隐性知识。[25]。

张建华认为隐性知识具有不易编码和不易交流等特征的知识，且隐性知识占知识总量的绝大多数[26]。

（2）隐性知识获取。王欢芳等学者指出隐性知识来源有两种：①知识共享伙伴；②技术转移网。其中包括企业一客户，企业—企业，员工—员工等关系网[27]。

郁义鸿认为知识创新离不开隐性知识，因其包含员工经验，较显性知识更值得被关注、研究以及开发[28]。

生产管理领域的范钧等学者认为隐性知识的生成可以来源于专业技术以及企业文化、工作环境等[29]。

宗辉认为获取隐性知识有以下5种可能：①共事、交流；②犯错并纠正；③交流参观和培训；④数据挖掘技术[30]。还有学者指出，得到隐性知识可以通过人际关系网、物流网、政府开放数据等方式。

（3）隐性知识对创新的影响。通过探究KM与新产品研发的关联，研究在组织资源有限的情况下可以怎样在改变原有KM管理的情境下进行流程的创新。企业新产品开发以及企业的创新能力很大程度上依赖于存在于团队成员和整个研发团队之间的隐性知识传播与共享[31]。隐性知识所具有的特性使得隐性知识的整合与共享可以在知识创新的过程中成为关键因素[32]。

组织技术创新的能力随着知识创新的提升而不断提升，而没有掌握好组织以及团队成员的隐性知识，或者其没有在团队成员之间有效的传播开来也是知识创新失败的一个非常重要的因素[33,34]。

很多国内外的学者自隐性知识概念提出以来对其进行了研究，并且从不同层面、不同的视角对其内在含义进行了界定，极大地补充了研究空间。本文认为，隐性知识是基于个体亲身经历的，体现在每个个体的脑海中和行动中的，具有不能轻易使用语言描述，难以传播，不易编码，个人化程度高等特征，包括经验、直觉、技术诀窍、洞察力、灵感和心智模式等的知识。

2.2.2 隐性知识挖掘研究综述

隐性知识次挖掘方面，欧美等国家很早就对基于英文作品的隐性知识挖掘进行了深入研究，取得很大进展并开发出适合实践的隐性知识挖掘系统。

国外学者们更早地进行了隐性知识挖掘理论、隐性知识挖掘技术以及隐性知识挖掘应用等几方面的研究。隐性知识挖掘的基础是怎样从大量数据中获取知识以及对其进行表达。例如逻辑表示、脚本表示等方法是基于知识体系的概念结构提出的。Tianyong Hao开发事务的数据库，利用模式匹配法达到隐性知识挖掘的目的[35]。Jalalimanesh首先确定关键字，并对其标记最终形成文本集，以此实现知识挖掘[36]。由此可见，不同领域研究方法各不相同，都是根据所研究对象的不同选择、设计不同的知识挖掘办法。Bradley等学者系统地分析了专家的隐性知识，在表示方面有所突破[37]。

不同于国外，我国较晚才开展对隐性知识挖掘的研究。最早的隐性知识挖掘是1993年中科院在我国自然科学基金支持项目中对于隐性知识挖掘领域开展的研究。据统计分析，我国对隐性知识挖掘进行研究的主要是大学在职教授，符红光等基于RDF/OWL对几何知识进行描述，据此建立了可根据用途改变的隐性知识挖掘模型[38]。罗仕鉴等学者基于知识转移交流模型对隐性知识的转移，转化和融合的阶段进行了描述[39]。刘征等学者在研究中基于知识元级模型和本体配置单元，对设计对象和过程两种知识进行表达[40]。

综上所述，可以得出：

(1) 国外学者大多基于各自领域对隐性知识挖掘进行研究，且大都认为隐性知识是广泛存在于人脑的，难以被发现、表达、转移的知识。

(2) 反观国内学者因为开展时间滞后，理论研究方面已逐渐完善，所以更注重应用性研究方面，如开发可视化软件、互联网环境下的挖掘技术，以及开发特定行业专而精的数据挖掘方法。

(3) 国内学者对知识挖掘的研究多集中于挖掘语言和技术方面，对于其他方面的研究涉及较少，系统研究隐性知识挖掘的相关文章更少。

2.3 相关理论

2.3.1 案例与知识共享

案例是指组织曾经遇到或正在遇到的各类问题。收集各领域、各时间段的案例集合成的案例库，将会在员工使用过程中不被察觉地进行隐性知识转移。企业本身也可以根据案例库的案例分析，找寻成功经验、失败教训，对日后生产生活做出有意义的指导。

案例之所以广受重视，其根本原因是在组织中传递着隐性知识，案例具有辅助员工进行决策的作用，通过对案例库的案例进行分析，理解其深层次的内涵[41]，这个过程就是隐性知识向显性知识的转化，从而促进知识转移以及知识创新。

2.3.2 知识螺旋理论

野中郁次郎在分析了大量案例的基础上提出了著名的“知识螺旋”理论，广受各国学者的重视。该理论的基本假设为：隐性知识与显性知识不是一分为二的两个独立个体，而是互相作用、转化的，知识的相互作用才是知识创新和知识转移成为可能。这就是知识转化。

在企业中，说明书、计算公式、电脑程序等就是显性知识的代表，显性知识具有规范化、系统化的特点，便于转移和共享。隐性知识与其相反，是人脑中不易表达、不规范、不系统的知识。简单来说隐性知识就是熟能生巧或者所谓“诀窍、窍门”，还包括人的思考问题的方式、贯穿人生的信仰等。由此可见，隐性知识显性化的过程绝非易事。

“知识创新与知识共享是难以被人察觉的行为活动，只有资源合作的环境下才能实现”。野中教授认为：知识不会凭空创造出来，而是从未被人察觉的隐性知识在某种特定情境下，转译为显性知识，才被人意识到所吸收[42]。“头脑风暴”就是很好的例子，许多企业会为某些可能拥有所需隐性知识的员工精心营造出适当的氛围，再辅以适当的引导，使其思绪自由飞翔，员工就会冒出许多未曾有过的想法，这些想法就是隐性知识显性化的结果。所以，特定员工在特定工作环境所经历的案例所产生的隐性知识，都属于该企业的知识资源储备，也就是知识创新的重要来源。

“知识螺旋”模型已经指明了隐性知识挖掘的方法。具体来说，这个模型主要分为四个部分：社会化过程、外在化过程、综合化过程和内隐化过程。外在化过程就是隐性知识挖掘最重要的过程。

3　隐性知识挖掘过程与方法设计

3.1　企业隐性知识显性化的一般路径

3.1.1　企业隐性知识分析

本文按照隐性知识的不同分类，对企业隐性知识的多种含义进行界定，以方便下文对其进行研究分析。

1. 传统的企业隐性知识：

（1）按技能方面和认识方面分类，企业的隐性知识包括：①熟能生巧的诀窍、经验教训等；②直觉，领悟，人生观，企业氛围等。

（2）按知识的可编码程度，能够分成3种：可编码、不易编码和不可编码。

（3）按照隐性知识显性化困难等级，可分为：①可通过联结学习获取的为伪隐性知识；②不易通过联结学习获取的为真隐性知识。伪隐性知识是相比较更容易转化成显性知识的。

2. 基于信息系统的企业隐性知识

知识是人们认知万事万物的方法，是指导人们行动的指南，是人脑对所获取数据进行复杂加工并被证实的一类有意义的数据。假设数据库中的知识为隐性知识，那么就可以使用某种模型对其进行分辨。

（1）过程型知识。程序员在制作程序时，将自己的知识注入进去，以程序的形式展现自己解决某问题的知识。

程序员赋予程序的知识被称为过程型知识。它的优点为可以解决规律明显的一系列问题。缺点也显而易见，首先是无法注入大容量的知识，也无法随机应变，较为死板，也就是适用性差。

（2）描述型知识。描述型知识是对可以描述清楚，易编码，易操作的知识。它具有分区性，意味着可以更快找到他，也可以按需增加，这就是说适用性很强。所以在建立知识库时，采用该种类型的知识是更好的选择。

（3）元知识。简单来说就是关于知识的知识。它包括3类：①可以标识某种知识的特征的知识；②运用知识解决实际问题的知识；③获取新知识的知识。

3.1.2　企业隐性知识显性化

隐性知识这一概念一经提出就被各领域学者所重视，很多学者都从各自领域给这一概念进行了界定。他们认为隐性知识是隐藏于人脑中不易被发觉，不易被转化，不易被转移的知识。例如在企业中，某部门员工有着相似的习惯，这就是隐性知识，而这类隐性知识就是可供人转化的。通过构建案例库、专家库很好地起到了知识转移、知识共享过程中纽带的作用，促进了企业知识的共享与创新。

案例这一中介其中蕴含着企业所需的隐性知识，企业对其进行管理会有效地提高自身竞争力，在分析学习案例过程中所得到的启发、领悟亦可以作用于企业本身，以保证其持续发展。但隐性知识因其不易被发现、不易被编码等特性不易被转移出来，这时就需要企业有组织有计划地进行挖掘，为员工营造适当的企业氛围，打造激发创造力的工作环境等方法是可行的。企业最终目的是让包括隐性知识在内的知识在企业流动起来呈现知识资源的价值。

3.1.3 企业隐性知识显性化的转换

许多学者在研究隐性知识显性化方面时发现不能仅仅认为呈外在化过程，也就是将隐性知识显性化从体系中完全脱离开，而这种体系就是“知识螺旋”四个统一体系。在隐性知识显性化之前需要考虑是否与社会相关联，成为一个社会化过程，在实际施行之后也要考虑另外的两个过程，即综合化和内因化，以便形成一个企业知识能够得到优化的过程，而所说的这种优化是指质量和总量均得到增加。

根据笔者以往的研究结果，得出关于隐性知识显性化模式的 3 种特点：

(1) 员工个体之间隐性知识显性化。部分隐性知识可以经过简单地挖掘、整理和总结等进行显性化，将其运用在员工个体之间相互交流分享。比如，师徒之间的相互转化，学徒师傅在工作期间将多年所积累的经验以及所拥有的技能等内在的知识记录、总结，即将隐性知识转化为显性知识。

(2) 员工个体与团队之间隐性知识显性化。隐性知识显性化的过程在个体与团体之间是与师徒之间转化不同的，其过程是双向化的过程。存在以下两种方式：①将个体隐性知识中易于显性化的部分挑选出来，进行显性与编码的处理，在显性化和编码化之后，将其放在个体与团队之中，形成团队显性知识。像在团队中，某些技术专家和管理专家采用现场教学的手段把自身的隐性知识即技巧和经验传授给其他成员，并把一部分易于显性化的隐性知识将其外在化，这可以使这些个体的隐性知识成为团队的显性知识；②对于剩余其他的团队隐性知识，即较难显性化的隐性知识，像团队所拥有的隐性技能，团队成员之间的合作能力等，能够采用学习的方式，能够影响团队中的员工和员工自身，使这些团队隐性知识能够在社会化方式下，转化为个体的隐性知识，而对那些易于转化为显性知识的团队隐性知识，将其总结并编码，让这些显性知识对员工有所作用，形成工作惯例和准则，也就可以转化为个体显性知识。

(3) 员工个体与企业组织之间隐性知识显性化。员工个体拥有的易于显性化的隐性知识，可以采用综合化、系统化的方式，将其与企业现有的各种知识结合，并进行有效性的整合，从而达到将员工个体的隐性知识转化为企业组织的显性知识的目的。同时，企业组织中还存在一部分其他类型的隐性知识，如认识类隐性知识。认识类的隐性知识包括企业文化、企业价值等，这些隐性知识结合了社会化的方式，能够影响员工个体隐性知识，其中那些易于显性化的隐性知识，需依照企业发展进行显性化和编码化的处理，以此为基础，形成与之相关的各种文件，并将这种外在化的知识给予员工个体，再由员工个体转化为自身的显性知识。

在本文中，所研究的隐性知识显性化的问题，将案例作为中介个体，承载了问题的解答笔记，使隐性知识的拥有者能够将解决问题的过程和所应用的知识通过相关数据表达出来，这不仅可以为企业带来有效的显性知识，也能够为企业的员工个体所用。

如果将隐性知识进行比喻化，那就是大海上漂浮的冰山隐藏在海下的部分，巨大而又深不可测，而上面的就是所谓的显性知识。隐性知识是显性知识的内在表现。企业在发展的过程中，必不可少的就是将隐性知识显性化，只有将隐性知识显性化，形成大家能够较为容易理解和接受的显性知识，或将与员工个体的内在知识相融合，形成新的知识。随着知识经济时代的不断发展，持续探索隐性知识显性化的方式方法，成为企业的发展的根基。

有了前文的铺垫，可以知道隐性知识可以分为真隐性知识和伪隐性知识，两者区别为能否通过联结学习获取。而案例中蕴含的大部分是伪隐性知识，也就是说在特定条件下是可以转移、共享或创新的，这对企业的发展将提供很大帮助。

其间，企业会组织员工分组进行联结学习，以此促动知识转移与创新，逐渐壮大企业知识库的知识储备。企业员工在解决问题的过程中，遇到解决不了的问题，将会求助系统，以寻找同类案例或相关领域专家，在分析学习过程中，员工需要将自己领悟的不断与原案例比较，从而自我检测是否达到可以解决问题的程度，也就是真正意义上的隐性知识转移。

企业员工经历了联结学习，会逐渐从企业工作中形成一种能够准确描述案例的语言，这有助于促进组织内的知识的转移。大数据技术、信息技术的不断完善给信息识别提供了可能。

语言调制阶段的主要任务是：专家会使用特定的描述语言对自身经历过的案例的工作流程进行准确的描述，经汇总后录入案例库，本系统的知识库就是由专家及案例库所组成，这一过程，会将员工头脑中的隐性知识转化为企业的知识资源储备，达到为企业服务的最终目标。

在企业员工入职会对其进行一场培训，会将隐性知识挖掘系统的使用方法，使用规范告知，形成书面文字，引导员工在遇到无法解决问题时，进入系统搜索专家、案例等进行分析，学习。问题解决之后，再将本问题作为新的案例，录入案例库，供后来者学习。这就是把专家的隐性知识转移给员工，以此促进知识的共享与知识的创新。

3.2　系统的架构与模型

基于前文介绍的隐性知识显性化的一半路径，下面给出框架模型及假设。

3.2.1　基本假设

企业隐性知识的显性化就是日常工作中积累的经验心得，通过某种联结学习等方法表达在企业、组织的知识库中。组织员工会在某种特定情境下将一些隐性知识进行编码，从而达到显性化，再借由案例库、专家库等中介使得组织中的其他员工也可以通过案例分析学习得到该知识。

假设 1：本模型可以挖掘出伪隐性知识的一部分，且这些知识是专家及某些特定员工头脑中的隐性知识。

假设 2：本文将某些具有解决问题能力的特定员工叫作“专家”，也就是说“专家”是隐性知识的载体，是企业知识库的一部分。

假设 3：本文的新案例是指员工无法用已有知识（显性知识）解决的，却可以被专家用其承载的隐性知识处理的问题。

假设 4：本文的专家指能够运用知识（显性知识和隐性知识）解决新发生问题的承载隐性知识的员工，并且每解决一个该领域问题都会增加其能力的评价指标，这将确保以后遇到问题的员工找到相关领域专家。

3.2.2 模型框架

企业员工、企业内组织成员通过询问问题、解决问题、联结学习活动，由隐性知识索取者转变为知识拥有者，久而久之就成了“专家”。专家头脑中慢慢积累的感悟和诀窍属于隐性知识，一般很难进行表达，但在遇到类似问题或求解案例的时候，专家就会有意识无意识地运用到这些隐性知识来解决问题，以此得到问题的解决方案。因此可得到隐性知识挖掘的概念模型，如图1所示。

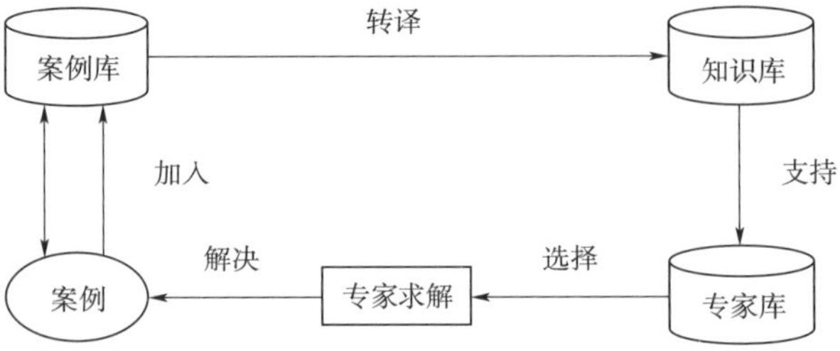

图1 企业基于案例的隐性知识挖掘模型

4 总结与展望

本模型是基于企业员工遇到无法解决的案例时，可在案例库中查询，如果还无法解决再向专家库求助，由适合类型专家解答，再加入案例库，最终经过将案例转译加入知识库，知识库的知识供员工学习，最终成为专家，专家又可以继续解决新问题，此系统可一直循环运行下去。

但由于时间、精力、经费等原因，该系统未能实现，只是提出一个可行的方案，为后面的研究打开方便之门，在今后的研究中，笔者将继续完善模型，并争取早日实现。

参 考 文 献

［1］ 尚晋军．遮不住的隐性知识——隐性知识概念研究概述［J］．山西煤炭管理干部学院学报，2006，19（2）：100-101.

［2］ 文旭．基于本体的隐性知识挖掘研究——以“企业形象评估本体”为例［D］．武汉：华中师范大学，2014.

［3］ 王连娟．隐性知识管理文献综述［J］．情报科学，2006，24（4）：636-640.

［4］ R.J. 斯腾伯格著．成功智力［M］．吴国宏，译．武汉：华东师范大学出版社，1999.

［5］ 杨奕琦，房汉平．网络社群中学习者隐性知识习得研究［J］．现代教育技术，2010，20（11）：114-117.

［6］ 斯图尔特·巴恩斯，阎达五，徐鹿．知识管理系统理论与实务［M］．北京：机械工业出版社，2004.

［7］ 李一楠．隐性知识管理研究综述［J］．情报杂志，2007，26（8）：60-62.

［8］ 汤超颖，周寄中，刘腾．企业隐性技术知识吸收模型研究［J］．科研管理，2004，25（4）：41-50.

［9］ 赵西萍，张长征，张伟伟．企业知识管理影响因素概念模型研究［J］．研究与发展管理，2004，16（3）：53-57.

[10] 王洪伟，吴家春，蒋馥，等．企业知识的层次结构及管理过程研究 [J]. 研究与发展管理，2003 (2)：49-53，59.
[11] (英) 波兰尼．个人知识 [M]. 许泽明，译．贵阳：贵州人民出版社，2000.
[12] 赵曙明．知识企业与知识管理 [M]. 南京：南京大学出版社，2000.
[13] NONAKA I . A Dynamic Theory of Organizational Knowledge Creation [J]. Organization Science, 1994, 5 (1): 14-37.
[14] Sternberg R J . Implicit Theories of Intelligence, Creativity, and Wisdom [J]. Journal of Personality and Social Psychology, 1985, 49 (3): 607-627.
[15] 王连娟．隐性知识管理文献综述 [J]. 情报科学，2006，24 (4)：636-640.
[16] Wagner, Richard K . Tacit knowledge in everyday intelligent behavior. [J]. Journal of Personality and Social Psychology, 1987, 52 (6): 1236-1247.
[17] Durcker, P F. The New Productivity Challenge [M]. Harvard Business Review, 1991.
[18] Nelson R R, Winter S G. In search of useful theory of innovation [J]. Research Policy, 2009, 6 (1): 36-76.
[19] Collins H M. The Structure of Knowledge [J]. Social Research, 1993, 60 (1): 95-116.
[20] Blackler, F. Knowledge, Knowledge Work and Organizations: An Overview and Interpretation [J]. Organization Studies, 1995, 16 (6): 1021-1046.
[21] Hedberg B. How Organization Learn and Unlearn, in: P. Nystrom and W. Starbuck, Handbook of Organizational Design [C]. Vol. 1, Oxford University Press, 1981: 3-27.
[22] Lam, A. Tacit Knowledge, Organizational Learning and Societal Institutions: An Integrated Framework [J]. Organization Studies, 2000, 21 (3): 487-513.
[23] 游达明，朱思文．突破性技术创新中隐性知识吸收过程及规律研究 [J]. 科技进步与对策，2014 (6)：11-15.
[24] 王鸥．隐性知识对提升企业核心能力的研究 [J]. 生产力研究，2015 (3)：133-135.
[25] 王方华，等．知识管理论 [M]. 太原：山西经济出版社，1999.
[26] 张建华．KM 中隐性知识管理策略研究 [J]. 情报科学，2006，24 (5)：762-766.
[27] 王欢芳，胡振华．产业集群中吸收能力、社会资本与隐性知识流动关系研究 [J]. 科技进步与对策，2013，30 (3).
[28] 郁义鸿．知识管理与组织创新 [M]. 上海：复旦大学出版社，2001.
[29] 范钧，郭立强，聂津君．网络能力、组织隐性知识获取与突破性创新绩效 [J]. 科研管理，2014，35 (1)：16-24.
[30] 宗辉．企业隐性知识的获取与共享路径分析 [J]. 经济研究导刊，2012 (25)：28-29.
[31] 杨晨晖，张德鹏．创新顾客研发团队的隐性知识传播 [J]. 企业经济，2014 (10).
[32] 张树中．知识创新过程的隐性知识转移机理研究 [J]. 图书情报工作，2013，57 (4)：54-59.
[33] 李柏洲，赵健宇，苏屹．团队知识共享意愿、非正式隐性知识交流与知识创造的关系研究 [J]. 情报理论与实践，2013，36 (9)：32-37.
[34] 汤超颖，丁雪辰．创新型企业研发团队知识基础与知识创造的关系研究 [J]. 科学学与科学技术管理，2015 (9).
[35] Tianyong Hao, Chunshen Zhu, Yuanyuan Mu, et al. A user-oriented semantic annotation approach to knowledge acquisition and conversion [J]. Journal of Information Science, 2017, 43 (3).
[36] Mehri Sedighi, Ammar Jalalimanesh. Study of Research Trend in Knowledge Management Field (2001-2010) and Mapping its Structure [J]. Iranian Journal of Information Processing & Management, 2013, 28 (2).
[37] Bradley J H , Paul R , Seeman E . Analyzing the structure of expert knowledge [J]. Information

& Management，2006，43（1）：77-91.
[38] 钟秀琴，符红光，佘莉，等．基于本体的几何学知识获取及知识表示［J］. 计算机学报，2010，33（1）：167-174.
[39] 罗仕鉴，朱上上，应放天，等．产品设计中的用户隐性知识研究现状与进展［J］. 计算机集成制造系统，2010，16（4）：673-688.
[40] 刘征，鲁娜，孙凌云．面向概念设计过程的隐性知识获取方法［J］. 机械工程学报，2011，47（14）：184-191.
[41] 张天龙，任志强，路文婷．企业隐性知识显性化途径研究——基于电网企业培训案例库开发［J］. 价值工程，2019，38（5）：27-29.
[42] 竹内弘高，野中郁次郎，李萌．知识创造的螺旋：知识管理理论与案例研究［M］. 北京：知识产权出版社，2006.

08 信息开发

基于大数据分析的中马产业园发展研究

吴晓威

（广西民族大学管理学院，广西　南宁　530006）

摘　要： 钦州中马产业园是全国第三个跨国产业园区，目前正在进入“加速发展时期”，在大数据环境下，如何推动产业园区健康、稳定、快速发展是一个必须解决的现实问题。本文从中马产业发展现状、大数据分析发展现状以及大数据应用于产业经济的例子分析，找出大数据分析对企业决策的影响以及大数据在中马产业园管理中的应用，在此基础上提出大数据环境下中马产业发展应利用PPP合作模式，重视政府大数据开发、加深与高校的合作、引进激励机制，提高管理人才水平、建立信息资源整合平台、与大数据分析公司建立合作平台等建议。

关键词： 大数据分析；中马产业园；发展研究

1　引言

1.1　研究背景

1.1.1　中马产业经济合作处于迅速发展时期

马来西亚是古代海上丝绸之路上的重要国家，也是最早响应“一带一路”倡议的沿线国家，更是共建“一带一路”早期收获最丰硕的国家之一。中国—马来西亚钦州产业园区作为中外政府合作共建的国际园区，自2012年国务院正式批准设立以来，在中马两国政府大力支持下，花费3年完成了初期建设，目前，园区建成及在建的项目超过100个，项目总投资超过500亿元，一座创新型、现代化的国际产业新城正在迅速崛起。中国连续7年成为马来西亚的最大贸易伙伴，而马来西亚亦为中国在东盟众多国家中的最大贸易伙伴，中马贸易总量占据中国—东盟贸易总量的1/5。在“一带一路”背景下，中马钦州产业园迅速进入生产发展周期，成为中国与东盟国家深化合作的典范区、示范区。中马钦州产业园区与马中关丹产业园区将携手共创“两国双园”的合作发展国际产能新模式，是对“一带一路”倡议的先行探索与积极实践，也是中国—东盟自由贸易区进一步升级的重要探索。

1.1.2　大数据呈“爆发式”增长

大数据迅猛的发展态势使其在短短几年时间迅速渗透到各行业各领域，社会生产效率因此大幅提高，大数据技术发展与生产力提高之间有密切联系。Google、Amazon、Facebook、Twitter 等世界上最大的互联网企业作为行业标杆其成功均有一个共同的因素，即拥有超级强大的数据收集分析能力。这些企业以大数据为技术手段每天分析处理着大量的数据信息，从中发掘商业机会。Google 作为互联网企业的典型代表，据统计，Google 每月的搜索量超过千亿次，并对搜集来的数据信息进行分析、处理，数据处理量达到 600PB（1PB＝100 万 GB，此信息量相当于 100 万年新闻早报的总和），Google 公司对搜索引擎搜索的全部内容和数据信息均进行分析使用。

由此可知，在互联网蓬勃发展的历史时期，大型互联网企业能够对被其他企业忽视的数据进行价值发掘，及时研究开发成本低廉的数据存储、处理技术，提取数据中有价值的信息，将之整合运用到业务流程之中，进而形成自身的核心竞争优势，使得本公司在互联网企业中脱颖而出。目前，随着这批大型互联网企业的影响进一步扩大，大数据的分析成为企业日益重视的内容，通过利用大数据提供新型服务，客户满意度随之提升，企业的竞争优势从而进一步提高。

研究大数据分析对中马产业园有重要的现实与理论意义，能够为中马产业经济合作的决策提供服务，促进中马产业园快速健康发展。

1.2 研究的必要性

重视分析大数据，通过利用大数据为客户提供新型服务进而提升客户满意度，对提高企业的核心竞争力具有极其重要的意义。2012 年，麦肯锡的大数据研究报告中显示，每年大数据产业平均为美国医疗行业创造收益达 3000 亿美元；为欧洲的公共事业部门创造收益达 2500 亿欧元；零售业方面净利润增加将近 60%；制造业产品研发成本因此降低 50%。产业经济信息涉及宏观经济的多个领域，产业经济信息的分析最终是为了产经部门的决策，也就是宏观决策的应用。大数据时代对中马产业经济合作信息进行分析研究，最终是为了产经部门的决策，产业经济信息的收集、整理、分析以及获取是宏观决策科学性的关键。中马产业经济信息分析能够为决策服务，推动企业经济快速增长，使得中马产业经济合作快速健康发展。

1.3 研究意义

产业经济信息的收集、整理、分析以及获取是部门决策科学性的关键。在互联网时代，充分利用大数据分析，挖掘大数据价值，更好地为决策服务，已经成为世界各国的共识。各国政府都非常重视大数据在决策中的应用。

本研究在理论与现实方面具有重要的意义。一方面可以丰富国际区域产业经济理论，充实国际区域经济管理理论，为进一步探索中国与马来西亚、中国与东盟关系发展路径提供新理念。另一方面通过中马产业经济信息分析为决策服务，促进中马产业经济合作稳步发展。

1.4 研究目标

从中马产业发展现状、大数据分析发展现状以及大数据应用于产业经济的例子分析，找出大数据分析对企业决策的影响以及大数据在中马产业园管理中的应用，在此基础上提出大数据环境下中马产业发展的建议。

1.5 研究方法

1.5.1 文献演绎法

文献演绎法研究者通过广泛搜集和阅读国内外相关论文、著作、研究报告等文献，进而对相关的研究方法与范式进行提炼，了解相关问题的研究历史与现状，帮助研究者寻找对该问题进一步研究的思路、方法和视角。本文运用文献演绎法对以下核心内容进行了研究：一是大数据，包括大数据定义、大数据特征、大数据分析、大数据产业链；二是中马产业园区发展现状。

1.5.2 实地调查法

实地调查法，就是本着客观的态度对科学方法展开应用，对某种社会现象，在相关的范围内开展实地考察，并就相关考察内容搜集、统计、分析大量资料，对社会现象进行探讨。通过实地调查对钦州中马产业园的实际情况进行实地考察，大量搜集资料以供统计分析，从而深入研究如何促进中马产业园区健康、稳定发展。

1.5.3 跨学科研究法

跨学科研究法是就某一课题通过多学科理论、方法和成果的运用，进行整体上综合研究的方法，亦被称为“交叉研究法”。在本文中运用信息管理学与计算机等学科的理论从整体上对中马产业园的发展进行综合研究。

1.6 研究现状

1.6.1 大数据研究现状

大数据的不同之处在于相比于传统的企业经营数据，大数据拥有庞大的数据量，Google、Facebook 等互联网企业在处理网站点击所产生的数据时，结构化数据不是其处理的核心，上述的网站点击流数据、社交网络产生的数据以及传感器上存储的数据方为其核心。以从事数据处理相关企业的类型上看，传统的实体行业并未真正掌握庞大的数据存储和分析技术，这些技术被新兴的互联网企业、社交网络和电商企业等占有。前者因为技术的缺乏可将大数据信息分析、处理工作委托给后者。

1.6.1.1 国外大数据研究现状

阿尔泰·托勒夫（2006）在其经典著作《第三次浪潮》中首次提出大数据概念。2008年著名杂志《自然》推出关于大数据主题的专刊。麦肯锡公司对大数据开展了深入研究，并在此基础上发布大数据科学报告，报告中指出，现今社会各行各业的发展离不开数据。SAS 数据仓库研究院也进行了大数据相关课题研究，发现企业管理者通过数据对行业今后发展趋势以及业务方向获得提供指导与帮助已然成为一种倾向。信息爆炸式增长产生了海量的数据，近几年所产生的数据量已经远远超过以往产生数据的总和，今后还将会以每两年翻一番的速度飞速增长。与此同时，以美国等发达国家为主要代表的各国政府均在大力开展大数据战略计划。

随着大数据的兴起与发展，在大数据的定义问题上呈现多样化态势，其中下列三种定义较为普遍被接受。一是属性定义：这是国际数据中心 IDC 对大数据的定义，指大数据是新时代利用信息技术和系统，对数据进行收集、处理及分析以获取其中具有价值的信息。二是比较定义：比较定义是由麦肯锡公司提出的，即大数据是指相比传统的数据库管理软件更加具备强大的数据处理能力，这是一种更加高级的大数据集。美国麻省理工学院的 Sam Madden 教授在此基础上提出大数据的特点，即数据量大、变化快以及传统工具难处理。三是体系定义：体系定义由美国 NIST 给出，从机制角度出发分析大数据，指出大数据可提高传统数据处理效率，并对数据的容量大小、处理速度及方法进行了优化。

虽然说大数据的概念形成的时间较早，但是大数据技术的研发尚处于初级阶段。从目前来看，可视化分析、数据挖掘算法、语义引擎、数据质量和数据管理等是大数据技术涵盖的主要领域。例如谷歌公司提出的 Mapreduce 模型，就是主要面向大数据集。大数据在教育领域中也发挥重要影响，美国普渡大学（Purdue University）通过利用大数据技术来收集学生在课程中产生的数据，从而进一步构建学习预警机制。从数据集中进行信息价值的提取是当前国外学者对大数据研究的核心侧重点，对数据进行深入的分析可以从数据中发现知识，这些知识可以被人们利用来指导人们的决策。此外，当前对大数据进行分析的一大热点领域是社会媒体大数据，学者 William Ribarsky（2014）认为大数据分析的主要内容是可视化分析，对此他的团队集成了交互可视化、自动化的分析方法和在研究社会媒体时，通过数据挖掘竞争优势的方法。Raymond（2014）等人利用半监督模糊产品挖掘算法对网络上发布的集体社会的信息、知识、智慧进行挖掘，从而利用这些信息提高产品设计和营销策略。

1.6.1.2 国内大数据研究现状

国内关于大数据的研究大多集中于大数据分析方法、技术、作用对象以及与其他数据技术相结合的研究。刘琼（2013）认为大数据时代的到来不能单纯地从历史角度去审视，而是应该对大数据以发展的眼光来看待。李国杰等（2012）认为进行大数据的采集、处理及分析工作需要使用响应更加快速，并且配置比现在电脑更加强大的机器方可实现。孟小峰等（2013）详细地剖析了大数据的基本概念，在云计算背景下为大数据处理应用及呈现设计了框架和机制，提供大数据与云计算相结合进行数据处理的新思路。事实上，大数据不仅仅是一种数据集合的代表，而且是大规模数据的分析和处理技术相互结合的代表，大数据的内涵不能通过单纯的数据量来表现，大数据的定义要结合大数据的特征去进行理解。

中国联通公司构建的用户分析系统是我国大数据应用的经典案例，这个系统在使用大数据分析处理技术的同时还结合云计算中 Hadoop 的平台，实现企业对用户的精细化管理。王珊（2011）在大数据背景下优化了对数据仓库的架构的设计，并提出数据仓库架构应该具备的几种重要特性。黄晓斌等（2012）在研究企业竞争情报时提出为了顺应现代信息技术的飞速发展以及企业发展的需求，应该对大数据产生的影响作用进行分析，并在此基础上给出相对应的策略。程学旗等（2014）等对大数据处理系统的发展趋势进行了不同角度探讨，提出相应对策来解决未来大数据的复杂性、变化性。

1.6.2 中马产业合作研究现状

目前关于中马产业合作研究的文献较少，且大部分集中在中马产业园相关问题的研究上。

1.6.2.1 中马产业园研究现状

黄益、肖融冰（2012）认为中马产业园对钦州市经济发展具有促进经济发展增加当地就业；促进产业结构调整；促进投资及其便利化；产业集聚效应日益突出的影响。

黄建英在《广西经济》连续发表了4篇文章研究中马钦州产业园竞争力问题。黄建英（2014）提出园区核心竞争力主要由园区的区位优势等硬环境和发展模式、政策环境、管理机制、配套服务、城市基础等软环境构成。中马钦州产业园区由中马两国共建，实施“两国双园”的发展模式；面向东盟，辐射内陆的独特区位；国家级经济技术开发区政策基础上的优惠政策；产城融合发展的优势；企业化运作的开发模式优势，构成了其无与伦比的优势核心竞争力。黄建英（2015）认为园区的劣势在于园区发展依托的城市产业基础较弱，配套能力不足；机制体制与人才匮乏；在与国内同类园区比较方面具有合作国家、园区吸引力方面的劣势。黄建英（2015）提出中马钦州产业园四个功能定位：一是延伸北部湾产业链条的工业集聚区即先进制造园区；二是具有国际竞争力的科技研发区即信息智慧基地；三是展现东南亚风情的宜居山水城即文化生态新城；四是拉近东盟联系世界的开放区域即合作交流平台，并提出要根据不同功能定位实施不同具体措施。黄建英（2015）认为应从强化管理体制、运营机制和政策创新；着力打造人才聚集高地；加快提升与东盟互联互通的能力与水平；加大与保税港区的“港园”合作五个方面加快园区的开发建设。

冯娟（2015）通过分析中国与马来西亚之间的合作博弈，提出建立一个长期合作机制是中国与马来西亚合作的最佳策略。中马钦州产业园区应该着重从制度接轨、公共服务、优惠政策、产业分工、生态建设等方面入手来制定适宜自身情况的发展对策，从而进一步推动中马区域的经济合作向纵深发展。何珉（2015）在探讨如何借鉴中新苏州产业园等已经具备成熟招商引资经验的产业园的基础上，提出中马产业园应该形成并且具备钦州特色，通过不断适应新形势来转变招商引资模式。

综上所述，对于中马产业园的研究主要集中在如何促进产业园区建设以及目前中马钦州产业园区存在的问题及策略。

1.6.2.2 中马产业经济合作研究现状

邹桂斌（2010）提出了中国与马来西亚均地处南海之滨，经济发展的全球化、国际区域经济一体化为中马两国的海洋渔业等方面合作带来极大的机遇和挑战。他在分析中马海洋渔业合作现状的基础上，指出存在的主要难点是构建、实施中国与马来西亚海洋渔业合作机制，并对构建中马两国海洋渔业合作机制的有利条件、不利因素进行了更深入的分析。最后，根据合作的主要指导原则，提出了构建中马海洋渔业合作机制的总体思路以及相应对策。

李志龙（2015）分析了中马两国经济合作具有双向投资在不断增加；两国金融合作日益深化；合作共建两国姐妹产业园，开创经济合作新模式等特点，并在此基础上提出中马双方经济合作不断深化的原因，进一步畅想了中马经济合作前景。

刘志雄等（2015）认为产业内贸易影响因素的实证调查结果表明，中马两国相互交流水平对产业经济贸易具有极大的促进作用，收入水平差异缩小有利于促进产业内贸易的发展，然而中国经济规模的扩大会大大降低中马两国产业内贸易的水平。当前，中马两国产业内贸易总体水平较低，商品结构还存在不合理从而对双边贸易总额增长的贡献率较低。中马两国需要进一步加强政府间的合作，进一步优化贸易结构，加快科技创新和升级产业结构，并且注重产品差异化来促进产业内贸易发展。

对于企业来说，最重要的是掌握与运用产业经济信息为产业提高生产效率，产业经济信息涉及宏观经济的多个领域，产业经济信息的分析能够使产经部门产生正确且具有前瞻性的决策。产业经济信息的收集、整理、分析以及获取是宏观决策科学性的关键，也是中马产业园发展的关键。在互联网时代，充分利用大数据分析，挖掘产业经济大数据的价值，更好地为宏观决策服务，已经成为世界各国的共识（图1）。各国政府都非常重视大数据在宏观决策中的应用，投入巨额资金进行大数据研究。目前，我国已拥有7亿网民，每天都产生海量的数据资源，充分利用这些数据资源，将在很大程度上为宏观经济提供科学的决策依据，从而更好地为产业发展服务。

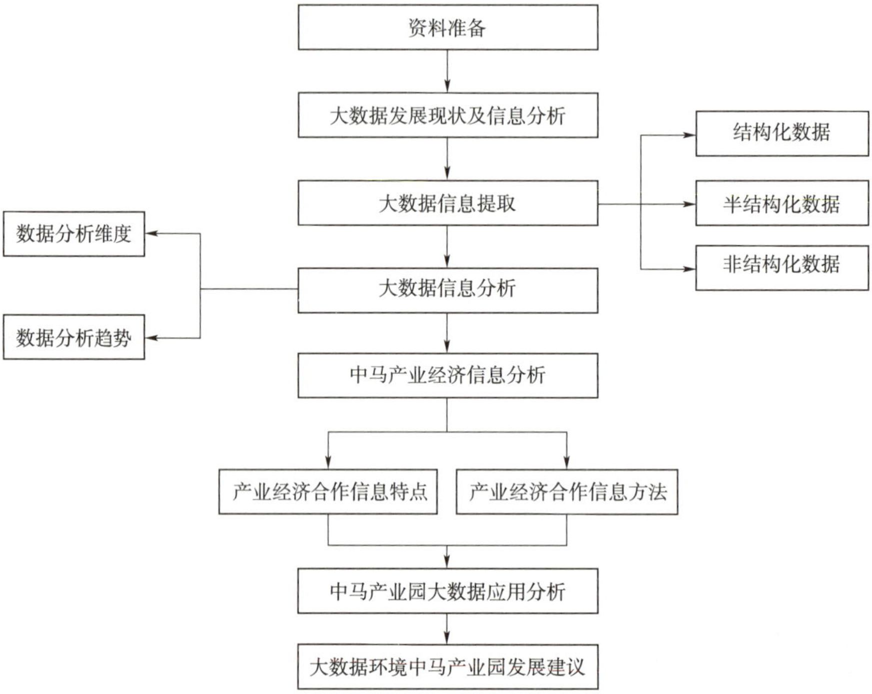

图1　技术路线图

2　课题研究的思路与框架

通过查阅文献了解目前大数据的发展现状、大数据分析的技术方法以及中马产业园发展的基本情况，在此基础上查阅相关大数据分析应用于产业经济的实例，在分析各产业经济的现实情况的基础上参考已有经验，提出基于大数据分析对企业决策的影响以及中马产业园发展建议。

3 前期调查资料

3.1 中马产业园发展基本情况

从地理位置上来看，中马钦州产业园区地处广西北部湾经济区的中心地带，是广西20世纪海上丝绸之路建设新门户的前沿之地，其所处的地理位置、战略地位和平台优势决定了中马钦州产业园区在共建20世纪海上丝绸之路的发展战略中占有重要位置。随着“一带一路”建设的加速落地，中国与周边国家的经济合作越来越密切，由中国和马来西亚两国政府合力开创的“两国双园”国际园区正成为投资的“聚宝盆”。自中马钦州产业园完成建设周期以来，中马产业经济合作得到了进一步地加深，中马产业园已经进入“加速发展时期”。园区的重点发展产业为6个：装备制造、电子信息、食品加工、材料及新材料、生物技术和现代服务业。2016年，中马钦州产业园区燕窝加工贸易基地、协鑫天然气分布式能源基地、中马国际科技园、中马第一小学、智慧产业园、职业教育实训基地（一期）、地下综合管廊示范工程（友谊大道中段）、启动区消防站、园区派出所、启动区综合配套设施建设项目（一期）、稀土铝合金电缆产业基地、园区第一中学、园区马莱大道（道路部分）等十多个项目相继开工建设。园区管委会分别与广西投资集团、河北欣意电缆有限公司，马来西亚创新中心、新加坡鸿德集团、广西民族大学、广西慧思通科技有限公司、新德利科技股份有限公司、香港华亿集团、深圳市炎志科技有限公司、浙江贝玛教育科技有限公司共同签订合作协议。园区的合作模式是“政府搭台、园区支撑、企业运作、项目带动、利益共享”，通过这些措施建成高科技、低碳型、国际化的工业园区。经过几年的建设，中马钦州产业园在招商引资以及产业分布布局等方面取得了重要的进展。中马钦州产业园国际产能合作的平台已逐渐构成，项目进展快速推进，在园区7.87平方公里的启动区域内，基础设施已全部建成，入园签约企业超过140家。马中关丹产业园设立在马来西亚，园区第一期6平方公里的基础设施已经建设完毕，入园企业基本完成布局，二期工程启动建设。截至目前，马中关丹产业园各类入驻项目协议资金总额超200亿元人民币。由广西北部湾国际港务集团和中国优质民企合资打造的马来西亚联合钢铁厂已成功入驻关丹产业园。该钢铁厂完全投产后预计年产量达350万吨，将成为马来西亚最大、东盟首家采取全流程工艺生产H型钢的钢铁厂。该项目已被列为中国国际产能合作重点项目，并在2017年底实现部分投产。

3.2 大数据概述

3.2.1 大数据的定义

关于大数据的定义，下列两种观点比较具有代表性。

张淑芳认为：“大数据又称为‘巨量资料’‘海量资料’，指的是所涉及的资料量数据量规模已经巨大到无法利用目前的主流软件工具在合理的时间内达到获取、管理、处理，并整理成为帮助用户筛选决策的积极咨询的目的。‘大数据’是由数量极其巨大、结构十分复杂、类型众多的数据所构成的数据集合，利用云计算的数据处理、应用模式，对数据的整合进行共享以及交叉复用进而形成的智力资源以及知识服务能力。”

库俊平认为："所谓大数据，就是指由于数据的数量过于庞大，难以被用户及时地获取和进行加工处理的数据。"

上述两种定义的共同点在于都指出了大数据在数据量上的巨大，难以在短时间内获取与运用。两个定义的区别在于，张淑芳的大数据定义强调了大数据拥有的积极性、资源性和服务性。目前，大部分学者均认识到大数据不仅是指代数量巨大的数据，更重要的内涵是对这些数据进行分析处理从而利用。

3.2.2 大数据的特征

大数据有四个特征。第一，体量（VOLUME）：数据体量大。这是指大型数据集，从TB级别直到PB级别。第二，种类（VARIETY）：即数据类型繁多。大数据的数据来自多种数据源，数据的种类以及格式日益丰富，已经冲破结构化数据的范畴，其中不仅囊括半结构化数据还包括非结构化数据，如网络日志、图片、视频以及地理位置信息等。第三，价值（VALUE）：价值密度低。以电子视频为例，连续不间断的长时间的监控过程中，有用的数据往往可能仅仅有一两秒。第四，速度（VELOCITY）：处理速度快。在数据量如此庞大的情况下，使用大数据技术同样可以做到数据的及时甚至是实时处理。最后，拥有在物联网、云计算、移动互联网以及遍布地球各个角落的各式各样的传感器，都是大数据的数据来源或者承载的方式，这是大数据和传统的数据挖掘技术本质上的不同。

3.2.3 大数据分析

众所周知，对大数据进行分析是大数据最重要的现实意义，只有通过分析方可获取更多更加深入的、有价值的信息。大数据分析包括5个基本方面。

3.2.3.1 可视化分析

可视化分析是大数据分析使用者对于大数据分析的最基本的要求，通过可视化分析得到的图谱，大数据的特点能够直观地呈现出来，同时知识图谱的形式能够非常容易被读者接受，可视化分析使得复杂的数据信息简单明。

3.2.3.2 数据挖掘算法

数据挖掘算法是大数据分析的理论核心，基于不同的数据类型以及格式，各种各样的数据挖掘算法能够将数据本身具备的特点更加科学地呈现出来，也正是因为数据挖掘算法被全世界统计学家所公认，能够通过各种统计方法（可以称之为真理）来深入各种数据集合内部，挖掘出数据信息的价值。另外，数据挖掘的算法能够对大数据进行更快速高效的处理，倘若对大数据的处理，一个算法需要花几年的时间方可得出结论，那么大数据的价值将会无从说起。

3.2.3.3 预测性分析能力

预测性分析是进行大数据分析最重要的应用领域之一，从大数据中挖掘某一个趋势的特点，通过科学的建立模型进行分析预测之后，就可以实现通过这个模型带入其他新的数据来分析预测未来的数据。

3.2.3.4 语义引擎

网络数据挖掘广泛应用了大数据分析，通过大数据技术可从用户在搜索引擎中搜索的关键词、标签关键词抑或是其他输入的语义进行分析和判断，进而挖掘用户需求，实现更好地和广告匹配，满足提高用户体验。

3.2.3.5 数据质量和数据管理

大数据的分析离不开数据的质量与数据的管理，高质量的数据以及有效的数据管理，都能够充分保证分析结果的真实性和价值性，这个领域包括学术研究和商业应用领域。

在迅速发展的互联网时代，人们的生活信息通过互联网进行了数据化处理操作，进而变成数据，影响着社会的方方面面。这些数据被政府和企业加以整合，便可以为政府和企业服务。通过有效整合、挖掘和分析这些数据，可以准确了解中马产业经济合作形势，为促进中马产业园发展服务。

3.2.4 大数据产业链

不同主体在科研、生产、生活中通过各种渠道产生大量数据，周而复始循环往复便形成数据链，服务于产业链、科研链、管理决策链，在这些链中形成创新链，又使创新链进一步完善数据链。根据大数据的使用主体，可以把大数据分为政府大数据、企业大数据和个人大数据。这三类主体产生的数据共同构成大数据产业链。

3.2.4.1 政府大数据

政府部门活动的方式以及特点，使得政府信息是信息时代中最具有权威性、最具有珍贵价值的社会资源。目前，我国的政府信息资源之所以利用率较低，主要是由于政府信息资源的数量庞大并且混乱。而对政府信息资源进行数据分析可以增加其利用率，避免资源浪费，有益于公众与社会。政府信息资源是一种公共物品，公共物品的特性就是公众利用，政府大数据分析能够有效整合百姓关心的、对百姓有用的信息资源，方便政府大数据的利用，真正实现服务型政府。也可以深入挖掘政府大数据的商业价值，为有特殊需要的主体服务，充分发挥大数据的价值，带动社会经济的发展。

3.2.4.2 企业大数据

大数据时代，企业的科学决策必然离不开大数据的支持，只有充分利用数据进行分析来推动企业健康快速发展，这是现代企业谋求发展的必然选择。借助大数据分析，企业可以针对消费者的需求提供个性化的产品或服务，以实现实时和精准营销。互联网时代，数据已然演变成为一种产业，并且在逐步演变一系列产业链。外部互通的数据的重要性将会远远大于企业自身所拥有的数据信息。因此企业应该重视数据价值的挖掘，重视对大数据的分析，要及时开发低成本存储和信息处理技术，并且将其中的价值信息进行有效整合提取，并将之整合运用到业务流程中来，逐渐形成自身的核心竞争优势。企业只有通过利用大数据来开展提供新型服务，方可提升客户的满意度，进而能够实现提高企业的竞争优势，在众多相关企业中脱颖而出。

3.2.4.3 个人大数据

人们每天日常生活中打电话、刷网页、在网络上购物等行为无不产生着数据，这些数据经过积累、记录、采集、存储，就可以建立个人的大数据中心。在经过个人的授权之后，个人大数据中心就可以将这些数据进行整理，化无序为有序化，将数据转化为有价值的数据资产，进而转让给第三方采集之后加以处理，从分析结果中获得各个行业所需要的个性化服务。淘宝就是根据大数据分析来推断用户的需求与喜爱，并据此推送“宝贝”给各用户。个人也可以选择将与身体健康有关的数据授权给医疗机构进行搜集分析，根据数据监测出的身体状况，制订私人健康计划；还可以将个人拥有的金融有关的数据授权给金融企业，由金融企业制定合乎个人情况，与个人实际相适应的理财计划。诚然，数据隐私与安全问题是大数据时代面临的首要问题，在推进大数据发展的同时，必须要确保个人大数据信息的隐私与安全，通过完善网络环境下用户隐私权的法律法规相关标准等，明确规定窃取他人信息的相关惩罚措施，给不法分子施加一定的威慑，保证能够使窃取他人信息的不法分子将会得到有效的制裁。第三方在使用个人数据时必须严格依法依规，保证程序公开透明，个人数据只有并且必须由个人授权才能进行处理。

4 大数据分析对企业决策的影响

一个企业长久运行必须有良好的决策支持。在错综复杂的环境下，如何做出正确的决策一直是决策者的困扰，以前数据资源较少且获取不易，难以进行整理使用，通常决策者制定决策主要靠直觉或经验，缺少数据的支持，数据在决策者过程中只是起到辅助作用。但是，大数据时代，数据量庞大且易获取，各种分析方法已普遍使用，数据对决策的影响越来越大，在决策中扮演的角色越来越重要，决策技术和决策模式也随之发生了变化，制定的决策也更加科学合理。大数据对企业决策的影响主要包括以下几个方面。

4.1 决策体系

在决策依据方面，以往的决策主要依靠企业内部信息系统、财务报表等获取数据。这些数据涉及面较窄，只能反映企业生产、运营及财务等状况。在大数据背景下，互联网的发展速度加快，企业能够获取到的外部动态数据更多，也更加便利，这些数据包括竞争对手的情况、消费者的喜好以及上下游行业等，且大部分是非结构化数据。企业站在战略的高度驾驭海量的数据，尽量减少信息的误差，进一步提高数据的精确性、准确性，从而提高企业决策的可靠性。企业通过获取实时的宏观经济、市场变化等数据，能够及时做好应对。决策者充分利用大数据的规模效应，整合内外部数据信息，在制定决策时可以有效规避风险。在决策过程方面，随着数据的日益膨胀，企业的决策过程也相应发生了变化，即企业行为要将被动反馈转变为主动预测。在大数据背景下，企业通过掌握大量数据，通过分析处理，可以了解更多内外部信息变化情况及趋势。企业通过对大数据在线检测和分析，减少判断事态的时间，及时发现企业内外部的异常情况，快速做出应对，制定解决方案。借助大数据，企业构建一系列的预警系统，帮助决策者看清事态的实时发展，找出市场需求，从而主动做出决策。

4.2 决策主体

相对于单靠直觉做决策而言，借助大数据运用一定的逻辑关系进行决策则显得更加科学。制定决策不只是依赖管理者的经验和专家的专业知识，还依靠基层员工和一线工作者所创造的各项数据。此外，面对庞大的数据量，很难从中获取对企业有价值的信息，这就需要专业技术人员对数据进行搜集、处理、分析、整合，从而推导出专业性的研究结论。专业人员由于给决策者提供了必要的决策支撑，成为决策制定的重要组成部分。

4.3 决策文化

随着大数据、云计算等新兴技术的蓬勃发展，企业要想利用好新技术，为制定决策服务，必须要有相应的决策文化与之匹配。大数据种类多样，除了对结构化数据的接受外，还要接受半结构化和非结构化的数据，这就需要企业建立一套数据思维的决策文化。此外，在大数据背景下，知识和创新对企业的未来越来越重要，这就要求企业创新价值观，打造知识型的企业文化，增强员工参与决策的能力。由此，建立与大数据相适应的数据导向型决策文化显得尤为必要。

5 大数据在中马产业园管理中的应用

大数据在中马产业园管理中的应用主要体现在以下几个方面：

（1）将大数据全面引入园区各产业，通过专项研究和应用，推进管理体制创新，把重要资源配置在产生价值的关键环节，削减无关紧要难以产生价值的环节投入的资源，节约资源投入，减少浪费，从而进一步提高资源的利用率以及管理效益。

（2）从大数据分析中挖掘市场机会和营销潜力，充分运用大数据，分析其商业价值，创新商业模式，顺应宏观经济发展趋势，适应经济变化对行业提出的要求，在内部寻找与外部的结合点，使信息资源的利用实现最大化，提高资源利用率，帮助行业快速走出经济困境，摆脱微利模式。

（3）把大数据应用与管理变革作为起点，制定各产业管理方案，推动产业管理迈入大数据时代，实现数据化、自动化、流程化管理，打造产业管理的“千里眼”“顺风耳”，将人为的、主观的因素降到最低，提高管理的科学性、客观性和准确性。管理模式的革新将逐步在产业的经济效益上显现出来，一旦显现，大数据对管理的价值将是巨大的。

（4）将大数据和中马产业充分结合，推进产业远程管理和监控，使各产业运行处于可控状态，实现管理的统一和协同，同时数据具有流动性和完整性，可以使企业在经营上保持灵活性。

目前，各行各业都已开始意识到利用大数据来推动产业的变革与升级，中马产业应全面实施大数据战略，将大数据纳入产业整体管理体系。中马产业园各产业可与政府部门合作，政府部门掌握着最权威、最全面的各种数据，企业是数据的微观创造主体，同时又是数据的分享和运用主体，各行业可以与各统计部门合作，在大数据开发和运用上建立紧密的合作关系，同时结合产业园门户网站和权威咨询信息网，推动大数据为中马产业经济合作提供更好的服务、创造更大的价值。

6 大数据环境中马产业园发展建议

6.1 利用 PPP 合作模式，重视政府大数据开发

PPP 模式（Public Private Partnership），是指政府公共部门与社会企业资本之间的一种合作模式。这种模式最初出现于 20 世纪 90 年代，随着社会经济的进一步发展，PPP

模式的内涵得到更大的丰富与扩展。广义上来看，这是指政府部门与社会资本之间为了建设公共项目，或者是提供公共产品和服务，在特许权协议的基础上，为了明确双方的权利和义务以签署合同的方式，所形成的一种共享利益、共担风险、全程合作的伙伴关系。PPP 模式能够有效地使公共部门与社会企业之间取长补短，协同创新，发挥各自优势；有利于政府职能的进一步转变，消除费用超支问题，大大减轻政府财政负担；能够促进投资主体的多元化发展，有效分散投资存在的风险，通过协调各方利益来实现提高效率。中马钦州产业园是中国与马来西亚政府共建共享的国际园区，作为中国和马来西亚国家层面的产业合作项目，与政府紧密联系的特点使得产业园在获取政府信息大数据这方面具有先天的优势。政府大数据是信息资源中最具有权威、最珍贵的组成部分，无论是站在国家宏观发展角度，还是产业园区发展的角度，对政府大数据的利用都是必须且迫切的，政府信息资源作为一种公共物品，应当为社会公众合理利用。目前我国对政府大数据开发与利用方面主要包括商业开发、交通信息、地理位置信息、人口数据等在内的国家基础数据信息的利用，通过采用服务外包、特许经营、合作开发等形式来实现政府大数据的增值开发。政府大数据数据量庞大，里面蕴含着巨大的经济价值与社会价值，利用相关政府大数据进行中马产业经济的分析，对政府大数据的价值进行深入挖掘，能够为中马产业经济合作带来巨大的利益。尽管政府大数据的利用还存在着诸多问题和不足，譬如政府大数据开放与共享的相关法律法规制订较为滞后；政府大数据开放与共享的顶层设计尚未完善；政府大数据开放与共享问题上涉及的部门之间存在信息壁垒；政府大数据开放与共享过程中公民的隐私权面临被侵犯的安全风险等问题，但是政府大数据的潜在价值已经逐渐受到重视，并在西方国家被广泛发现并且使用，我国政府大数据开放共享机制也正在逐渐完善。

6.2 加深与高校的合作

中马产业园区的四大定位之一就是借力于马来西亚“多媒体超级走廊”项目，加强研发投入力度，构建集产学研于一体的具有国际竞争力的信息智慧走廊和研发先导区。党的十八中全会第一次提出了产学研协同创新机制，明确指出产学研协同创新的方向，产学研合作将会成为促进产业经济合作发展的一个新的趋势。大力推进产学研协同创新，这不仅仅是高等院校为国家经济社会发展提供服务的迫切需要，也是进一步推动高等院校事业发展的内在需求。校企合作是产学合作的前提条件，其一促进高校办学理念、办学体制以及机制的改革和创新，从而实现高等教育的科学发展；其二使利用企业的科技创新，提高高校研究成果的现实转化率，同时进一步增强企业竞争力。目前，广西区内的多个高校譬如广西大学、广西民族大学、广西民族大学相思湖学院、广西师范大学等与中马钦州产业园均签订了合作协议框架，这对于促进高校人才培养及产业园区发展都做出了一定的贡献。高校往往聚集着多方面专业的高层次的人才，产业园区应积极主动与高校合作，利用高校拥有的数据库资源平台以及良好的科研环境，促进产业园区发展。

6.3 设立引进与激励机制，提高管理人才水平

大数据环境下的园区管理需要高层次的人才，园区工作人员要拥有扎实的专业理论功底以及熟练的业务能力及各种计算机技术。对园区管理阶层的人员进行业务及技术培训，

使之能够熟练操作计算机，掌握计算机技术，具备先进的专业理论知识，能够对提取出的信息予以迅速准确的判断。在人才引进方面园区应设立专项资金来引进大数据发展专业急需人才，进一步加速引进园区建设中急需的高新技术人才、现代服务技术人才、高层次经营管理技术人才以及领军型创业人才，进一步创新完善园区内技术人才的管理体制，从突破编制的限额、突破职务的级别晋升、突破常规的工资福利、突破常规的生活待遇等方面，为已经引进的人才提供优厚的待遇和广阔的发展前景，给予引进人才充分开放的发展平台，发挥他们的专业知识技能，保障实现人才既能引得进，也要留得住。此外还应加强人才队伍建设以及人才信息资源结构的构建，与区内外高等院校以及科研机构、信息技术研发中心的人才，实施联合培养机制和优秀人才的输送机制，为产业园及时输送专业技术人才，满足中马钦州产业园的专业技术人才需求。

6.4 建立信息资源整合平台

大数据环境下，数据不仅呈现多而且呈碎片化状态，应在产业发展信息安全性得到保障的前提下，构建产业信息的共享平台，对海量、杂乱的信息资源进行整合，实现信息关联的渠道畅通，保证能够方便快捷地获得所需资料，使信息数据更为准确，使得资金管理更加规范化，构建内部畅通的沟通渠道和与外部关联的信息网络，提升中马园区产业的管理水平。尤其是对于园区产业，实现透明化、公开化信息平台的搭建，助力于实现信息共享，以此来促进各产业的发展，构建一个跨部门的数字化信息平台，以确保产业发展信息数据的有效性，这个信息数据平台，不仅仅是一个存储数据库，还要具备对平台中所存储的数据能够进行多角度展开分析的功能，并且能够促进部门与部门间的沟通交流。此外，由于数据平台的搭建，能够对市场信息实现及时有效的综合评估，这为推动产业化升级起到重要作用。

6.5 与大数据分析公司建立合作平台

目前，专门从事大数据技术业务的公司日益受到追捧，越来越多的产业部门由于自身缺乏研发能力而选择与他们合作，由此累积了丰富的数据资源，构建了自己的大数据平台。大部分企业不具备独立分析数据的能力，可以鼓励园区企业与当前市场上已经成熟的大数据分析和挖掘公司如 AMAZON、IBM 等 IT 企业合作，借助它们的大数据业务为企业发展服务。在 BI 系统的基础上，构建数据监控平台，实时提取有价值数据，进行系统分析并加以应用，以提升业务执行能力、规范客户行为。企业直接与能够开展大数据分析、挖掘的公司进行合作，节省了自身开展数据平台研发的大量费用，能够准确抓取与产品和客户有关的数据信息，分析出相应的市场需求，并且预测未来的发展趋势，为产业园区的决策科学性提供有价值的支撑信息。

7 结语

中马钦州产业园区作为中国和马来西亚在国家层面开展的合作项目，不仅对探索中国与马来西亚“两国双园”的产业经济合作发展模式有益，对开拓和落实中国与东盟成员国之间的务实合作同样具有重要意义，而且对中马共建 21 世纪海上丝绸之路具有重大现实意义。中马产业园发展不仅要考虑国内市场的行情，还要掌握国际市场的情况，只有全面掌握相关信息，才能制定产业经济发展对策，找准中马产业经济合作的方向与道路。运用大数据分析方法，对与中马产业经济合作有关的产业结构、区域经济发展情况、人口变化、国内外投资风险、大宗商品市场走向、社会消费结构、劳动者就业情况、全球经济合作紧密度、贸易逆差顺差变化等因素进行分析，可以反映出中马产业经济合作的发展趋势，同时也体现了大数据在这些重点行业的应用价值，从而健康、稳定地促进中马产业园区的发展。

参 考 文 献

[1] (美) 阿尔文·托勒夫 . 第三次浪潮 [M]. 黄明坚，译. 北京：中信出版社，2006.

[2] MANYIKA J, CHUI M, BROWN B, et al. Big data: The next frontier for innovation, competition, and productivity [R]. Mckinsey Global Institute, 2011.

[3] PHILIP RUSSOM. Big Data Analytics [R]. TDWI. org. 4th season, 2011.

[4] GANTZ J, REINSEL D. Extracting value from chaos [J]. IDC iView, 2011: 1 - 12.

[5] SAM MADDEN. From databases to big data [J]. IEEE Internet Computing, 2012, 16 (3) 4 - 6.

[6] DEAN J, GhEMAWAT S. Mapreduce: Simplified data processing on large clusters [C]. Proceedings of the 6th Symposium on Operating System Design and Implementation. San Francisco, California, USA, 2004: 137 - 150.

[7] PISTILLI M D, ARNOLD K E. In Practice: Purdue Signals: Mining real - time academic data to enhance student success [J]. About Campus, 2010, 15 (3): 22 - 24.

[8] (英) 维克托·迈尔-舍恩伯格，肯尼思·库克耶 . 大数据时代 [M]. 盛杨燕，译. 杭州：浙江人民出版社，2013.

[9] WILLIAM R, DEREK X W, DOU W. Social media analytics for competitive advantage [J]. Computer and Graphics, 2014, 38: 328 - 331.

[10] RAYMOND Y K L, CHUNPING L, STEPHEN S Y L. Social Analytics: Learning fuzzy product ontologies for aspect - oriented sentiment analysis [J]. Decision Support Systems, 2014, 65: 80 - 94.

[11] BARWICK H. The "four Vs" of big data, 2012. http://www. Computer world. com. au /article /396198 /iii3_four_vs_big_data /.

[12] CHAIKEN R, JENKINS B, LARSON P, et al, SCOPE: easy and efficient parallel processing of massive data sets [J]. Proceedings of the VLDB Endowment. 2008, 1265 - 1276.

[13] Raymond Y. K. Lau, Chunping Li, Stephen S. Y. Liao. Social analytics: Learning fuzzy product ontologies for aspect - oriented sentiment analysis [J]. Decision Support Systems, 2014.

[14] 刘琼. 大数据环境下图书馆面临的影响与挑战 [J]. 理论观察，2013，(8)：112 - 113.

[15] 李国杰，程学旗. 大数据研究：未来科技及经济社会发展的重大战略领域——大数据的研究现状与科学思考 [J]. 中国科学院院刊，2012，27 (6)：647 - 657.

[16] 孟小峰，慈祥. 大数据管理：概念、技术与挑战 [J]. 计算机研究与发展，2013，50 (1)：146 - 169.

[17] 黄晓斌，钟辉新. 大数据时代企业竞争情报研究的创新与发展 [J]. 图书与情报，2012，6：9 - 14.

[18] 程学旗，靳小龙，王元卓. 大数据系统和分析技术综述 [J]. 软件学报，2014，(9)：1889 -1908.

[19] 黄建英 . 中马钦州产业园竞争力优势分析——中马钦州产业园竞争力研究之一 [J]. 广西经济，

2014，(12)：43－46.
[20] 黄建英．中马钦州产业园竞争力劣势分析——中马钦州产业园竞争力研究之二［J］．广西经济，2015，(02)：43－45.
[21] 黄建英．核心竞争力培育提升的重大任务——中马钦州产业园竞争力研究之三［J］．广西经济，2015，(03)：33＋36－39.
[22] 黄建英．中马钦州产业园核心竞争力培育提升的对策研究——中马钦州产业园竞争力研究之四［J］．广西经济，2015，(05)：46－49.
[23] 刘志雄，张凌生，朱剑华．中国与马来西亚产业内贸易测算及影响因素的实证研究［J］．东南亚纵横，2015，(09)：48－54.
[24] 李志龙．中国与马来西亚经济合作的发展特点与前景分析［J］．对外经贸实务，2015，(08)：21－24.
[25] 戴未琰．大数据分析概要［J］．物联网技术，2013，(8)：4－6．
[26] 冯芷艳，郭迅华，曾大军，等．大数据背景下商务管理研究若干前沿课题［J］．管理科学学报，2013，16 (1)：1－9.
[27] 李佳佳．基于开放数据和云计算的商业信息分析模式构建［J］．图书情报工作网刊，2010 (6)：17－22.
[28] 王春红．浅析企业网站运营之数据分析［J］．现代营销（学院版），2014 (3)：23－24.
[29] 遇冰琪．大数据对企业决策行为影响及对策研究［J］．管理观察，2014 (31)：117－120.
[30] 冯娟．基于合作博弈的中马钦州产业园发展研究［J］．经济论坛，2015，(03)：58－61.
[31] 黄益，肖融冰．中马产业园对钦州市经济发展的影响研究［J］．时代金融，2012，(26)：54－55.
[32] 范力．中马钦州产业园区建设21世纪海上丝绸之路先行园区的战略构想［J］．东南亚纵横，2014，(10)：20－23.
[33] 何珉．中马钦州产业园招商引资问题研究［D］．南宁：广西大学，2015.
[34] 邹桂斌．中国与马来西亚海洋渔业合作机制研究［D］．广州：广东海洋大学，2010.
[35] 王钧超．大数据时代产业经济信息分析及在宏观决策中的应用［D］．北京：中国地质大学，2016.
[36] 郑华良．中马钦州产业园区建设第四代产业园区研究［D］．南宁：广西大学，2016.

09 档案管理

智慧城市背景下我国智慧档案馆建设研究

廖　琼　崔　葳

（广西民族大学管理学院，广西　南宁　530006）

摘　要： 业界对智慧城市和智慧档案馆的定义和特征尚未有统一的界定，但毋庸置疑的是，智慧城市与智慧档案馆之间存在一定的联系，智慧城市为智慧档案馆建设带来新机遇，智慧档案馆为智慧城市建设注入新活力。本文以智慧城市为背景，着重从建设意义、建设要素和建设功能3方面来探讨智慧档案馆建设的理论基础，以及从制度建设、技术建设、平台建设、人才建设和保障建设探究智慧档案馆的建设路径。

关键词： 智慧城市　智慧档案馆　建设路径

在智慧城市建设背景下，作为档案事业研究领域之一的智慧档案馆已成为一个方兴未艾的话题，相对于数字档案馆目前的发展态势，智慧档案馆的提出显得稍微超前，其出现较晚且尚处在起步探究的阶段。有研究指出，档案馆今后发展的方向和趋势是智慧档案馆。那么何为“智慧档案馆”？“智慧”一词最初是在战国时期出现的，有聪明才智之意。而在英语中，“智慧”被译为smart，该词于1972年首次被解释为“智慧型的，同时具备独立工作能力的技术设备”。在现实中，不仅存在“智囊”“智囊团”“智库”等称谓，还出现了智慧地球、智慧城市、智慧交通、智慧医疗等新鲜名词，由此可知“智慧”一词不仅可以用来形容人这一类高等生物，也可以用来指代机构、设备、系统、城市等其他事物，通常解释为人类运用聪明才智、借助一定的手段来创造出能独立感知、计算、分析并做出决策的系统、设备等并应用到实践中以提高工作效能及提供高效、便捷的服务。将“档案馆”称为“智慧档案馆”，在一定程度上是融合了人的智慧，并且档案馆这一系统可独立进行感知事物、综合处置、作出决策等一系列智能化工作。在智慧城市背景下研究智慧档案馆建设，目的是要研究智慧档案馆的自身特性，把握其发展规律，实现其发展目标，以更好地为城市、社会、经济等各方面服务。为此在当前研究智慧档案馆的热潮中，结合“智慧城市”建设这个大背景，着重探讨智慧档案馆建设的理论基础和建设路径，以期对建设智慧档案馆提供些许思考。

1　引言

1.1　研究背景与意义

2010年，美国IBM公司提出“智慧城市”的愿景。目前，智慧城市建设已进入迅速发展的阶段。智慧城市的理念已经深入到城市的各个行业、各个领域中。在档案事业领域，早在2011年，南京市档案馆就提出了一种理念即“智慧档案，快乐档案”，青岛市档案馆则尝试进行了智慧型数字档案馆的建设。近几年来学术界出现了一股研究智慧档案馆的热潮，从概念、特征、功能、建设思路及整体架构等做了初步研究，一些城市如青岛、杭州等也开展了智慧档案馆的试点建设。

智慧档案馆的出现并不算早，但仍得到国家和地方的重视，相关政策也直接或间接地提出了要进一步加强智慧档案馆建设的理论研究与实践工作。例如，2015年，围绕云计算、大数据等新兴技术在档案管理中的应用，智慧档案馆等相关问题出现在国家档案局科技项目的选题指南中。建设智慧档案馆是一项复杂的系统工程，在物联网、云计算和大数据等新兴技术的支持下，以智慧城市为大背景，在技术层面上支撑智慧档案馆的建设。

目前研究智慧档案馆仍处在起步的阶段，其深度和广度也有待加强。将智慧档案馆与智慧城市建设结合起来，对于研究档案学有一定的学术价值。第一，在理论方面，研究智慧城市背景下的智慧档案馆有利于丰富档案学理论，推动档案事业发展；第二，在实践方面，研究智慧城市背景下的智慧档案馆有助于指导智慧档案馆的建设，同时丰富智慧城市的文化内涵。因此，在智慧城市背景下建设智慧档案馆，具有理论意义和实践意义。

1.2 研究综述

1.2.1 国内研究现状

通过以中国知网作为统计数据来源数据库进行高级检索，检索时间截止到2018年10月，以“智慧城市+智慧档案馆”作为主题词，共检索出78条结果，剔除重复和不相关文献，得到48篇文献，具体发文时间分布、发文刊物类型、发文期刊分布分别见表1～表3。

表1　智慧档案馆相关文献发表数量时间分布

年份	2013	2014	2015	2016	2017	2018
发文数量	1	8	15	12	7	5

从表1可看出，国内对智慧档案馆的研究是在“智慧城市”提出之后开始的，由此可推测出“智慧城市”催生了“智慧档案馆”，智慧档案馆是一个较新的话题，近五年来研究热点呈现上升趋势，学界对此话题的研究热情和关注度在不断增长。

表2　智慧档案馆相关文献发表刊物类型分布

类型	期刊论文	会议论文	硕博士论文
发文数量	45	1	2
比例/%	93.75	2.38	4.76

从表2可看出，有关智慧档案馆的相关文献绝大多数发表在期刊上，占比为93.75%，另外有2篇属于硕博士论文，仅有1篇是会议论文。这表明，对智慧档案馆的研究大多发表在篇幅较短的期刊文献上，对智慧档案馆研究并未能深入展开，而相对来说，硕博士论文能进一步深入地从微观层面探析智慧档案馆，而不是仅仅将研究视角放在宏观层面。因此，可以推测出国内研究智慧档案馆的深度和广度仍有待加强。

表 3　　智慧档案馆相关文献发表数量期刊分布

<table>
<tr><td rowspan="2">期刊类型和名称</td><td colspan="8">核心期刊</td><td colspan="9">非核心专业期刊</td><td>非档案学期刊</td></tr>
<tr><td>档案学通讯</td><td>档案学研究</td><td>中国档案</td><td>档案与建设</td><td>浙江档案</td><td>北京档案</td><td>山西档案</td><td>档案管理</td><td>档案</td><td>兰台世界</td><td>档案时空</td><td>云南档案</td><td>黑龙江档案</td><td>湖北档案</td><td>山东档案</td><td>兰台内外</td><td>陕西档案</td><td></td></tr>
<tr><td>发文数量</td><td colspan="8">20</td><td colspan="9">17</td><td>8</td></tr>
<tr><td>比例/%</td><td colspan="8">44.44</td><td colspan="9">37.78</td><td>17.78</td></tr>
</table>

从表 3 可知，研究智慧档案馆的文献绝大多数发表在档案学期刊上，共有 45 篇文献。其中发表在档案学核心期刊的文献数量最多，共 20 篇，占比为 44.44%，发表在档案学普通期刊的文献数量则有 17 篇，占比为 37.78%。这表明研究智慧档案馆优质的文章相对较多一些，档案学界对智慧档案馆的研究也较为关注。此外，还有 8 篇文章发表在非档案学的期刊上，占比 17.78%，说明其他领域对智慧档案馆的研究有一些关注，智慧档案馆这个崭新的话题已经引起了除档案学领域外的一些社会讨论。

目前对智慧档案馆的研究内容主要集中在以下几个方面：

（1）未来档案馆发展的趋势。杨来青、徐明君、邹杰（2013）分析了数字档案馆的局限性、数字档案馆与智慧档案馆的根本区别，提出了智慧档案馆是智慧城市不可分割的一部分，同时也是档案馆今后发展的新前景[1]。杨来青（2014）分析了档案馆、数字档案馆和智慧档案馆在基本概念、基本功能、基本构件方面的异同点，指出档案馆工作和信息技术发展必然会产生智慧档案馆[2]。

（2）档案管理范式的转换。檀竹茂（2014）以青岛市智慧档案馆作为引子，就智慧城市背景下档案管理范式的转换问题进行了分析，最后提出了档案管理范式由政府范式向社会范式转换很大程度上得益于智慧城市的产生和发展[3]。另外，其转换的理念基础和实体依据还得益于青岛市成功运行的档案历史知识库。

（3）智慧档案馆建设的思路或策略。陶水龙（2014）提出要阐明智慧档案馆和数字档案馆之间的关系，并对智慧档案馆进行了界定，进而提出建设思路：智慧档案馆与云计算、物联网、大数据技术以及智能楼宇技术的融合。[4] 王小健、刘延平（2015）认为，综合应用云计算、物联网与移动互联网技术，贯彻以人为本理念以及全面融合档案信息集成服务这 3 个方面是智慧档案馆建设的策略[5]。邓丽芝、高永青（2016）则指出，智慧档案馆建设的三大实现路径主要是政策制定、技术保障和平台搭建[6]。

（4）智慧档案馆的体系架构。薛四新、卫化昱、杨艳（2014）从发展的角度对智慧档案馆的研究意义与存在价值进行了分析，在此基础上进而研究智慧城市环境下智慧型档案馆的体系架构及主要内容[7]。陈静、韩海涛、田伟（2015）则就大数据时代基于 RFID 技术设计了智慧档案馆的架构，并对智慧档案馆的运行特征作了探究[8]。

1.2.2　国外研究综述

通过以“Springer 数据库”为统计数据来源数据库进行检索，检索时间不限，运用高级检索，分别以“Smart archives”和“Smart city ＋ Smart archives”为主题词进行检索，发现并无与该词有直接关系的文献。可见，国外学者并未提出智慧档案馆，也并未将“智慧城市”与“智慧档案馆”结合起来进行研究。

尽管国外并未对“智慧档案馆”进行明确界定，而从数字档案馆建设的初期，不难发现其标准规范、技术架构及运营模式等都对如何将档案资源共享、如何实现跨部门合作以及不断适应现代高新技术和智慧城市生态、健康发展等一系列问题进行了充分的考虑。另外，国外的研究视角多集中于系统开发与应用方面。Laurinen. P，Tuovinen. L，Roning. J（2008）设计了一个基于组件应用的 Smart Archive（SA）框架，囊括与绝大部分数据挖掘一样的功能，同时还可实现对历史信息的挖掘利用。[9] IBM 的 Smart Archive 系统将信息归档融入其标准统一化的归档策略中，对信息进行收集、整理、保管和利用，这一系列研究有利于用户从海量信息中挖掘出有价值的信息。

综上所述，国外对智慧档案馆并未有研究，而在我国智慧档案馆已成为档案学界的研究话题之一。虽然我国在这方面研究的时间不长、起步较晚，研究成果有限，但相对来说发展速度较快、研究热情和关注度较高、动态性也较强。

1.3 研究方法

本文主要运用了以下一些方法：

（1）文献法。运用文献法，通过学校图书馆、中国知网、超星发现等多种途径和检索工具，查阅和收集已有资料并进行参考、分析，了解已有的理论成果及研究趋势，形成综述。

（2）交叉分析法。运用多学科理论和方法从整体上对智慧档案馆的建设意义、建设要素和建设功能等进行分析。

（3）综合分析法。采用综合分析法，通过对收集到的各种数据、资料进行分析，进而研究智慧城市背景下我国智慧档案馆建设的理论基础和建设路径。

2 智慧城市与智慧档案馆概述

2.1 智慧城市的定义与特征

2.1.1 智慧城市的定义

2008 年全球金融危机之时，美国 IBM 公司提出“智慧的地球”。次年，迪比克市与 IBM 称将建美国首个“智慧地球”城市。因此，可以说“智慧地球”催生了“智慧城市”。关于“智慧城市”的定义，国内外不同机构、专家、学者等见仁见智。概括起来，主要是从两方面进行界定。

（1）定义倾向于技术的角度。IBM（2009）将智慧城市定义为：“能够充分运用信息技术和通信手段感测、分析、整合城市运行核心系统的各项关键信息，从而对于包括民生、环保、公共安全、城市服务、工商业活动在内的各种需求做出智能的响应，为人类创造美好的城市生活”[10]。杨正洪（2014）认为，智慧城市就是利用物联网、云计算和大数据等信息技术，将城市运行的各个核心系统整合起来并植入智慧的理念，以更好地理解和控制城市的运营，同时优化城市的资源使用[11]。

(2) 定义侧重于社会功用的视角。美国学者安德烈等（2009）对“智慧城市”的定义是通过参与式治理，对人力和社会的资本、传统和现代的通信基础设施进行投资，使经济得以可持续发展，居民生活质量得以进一步提高，并且使自然资源得到明智管理[12]。

2.1.2 智慧城市的特征

业界对智慧城市的定义各有表述，有从信息技术领域进行表述的，也有从社会学领域进行阐释的，因此对智慧城市特征的见解也不尽相同。而从信息技术领域和社会学领域分别进行界定的，可见于李光亚等（2015）在《智慧城市大数据》一书中提出的，从信息技术领域看，智慧城市有 4 个特征：全面透彻的感知、物联与互联网的完全整合、信息可靠传递和智能融合的应用。从社会学领域看，则有 3 个特征：人性化管理与服务、协同运作和以人为本的可持续创新[13]。此外，IBM 公司（2009）对智慧城市特征的解释也从这两方面进行了表述，认为智慧城市的基本特征主要是：全面物联、充分整合、激励创新和协同运作。全面物联即“智能传感设备将城市公共设施物联成网”，充分整合即“物联网与互联网系统完全对接融合”，激励创新即“政府、企业在智慧基础设施之上进行科技和业务的创新应用”，协同运作即“城市的各个关键系统和参与者进行和谐高效地协作”[10]。前两个特征与李光亚等人从信息技术领域解释的智慧城市特征有相似之处，后两个特征也跟李光亚等人从社会学领域解释的智慧城市特征有异曲同工之处。因此，可以说 IBM 公司较为全面、详尽、简洁地解释了智慧城市的特征。

2.2 智慧档案馆的概念与特征

2.2.1 智慧档案馆的概念

随着智慧城市的提出，智慧理念深入到各个方面，智慧社区、智慧旅游、智慧医疗、智慧图书馆等纷纷出现。而在档案领域，就目前来说，对智慧档案馆的定位仍是一件困难的事情，迄今为止业界对智慧档案馆的概念也尚未达成共识。最早对智慧档案馆下定义的是杨来青、徐明君、邹杰（2013），他们认为智慧档案馆是“采用物联网、云计算等新技术智能管理多元化档案资源、具有感知与处置档案信息能力并提供档案信息泛在服务的档案馆模式”[1]。此外，还有一些其他的定义，傅荣校、施蕊（2015）提出，智慧档案馆是采用物联网、云计算等新兴技术对多元化的档案资源进行整合、感知、挖掘，并提供多方位、多层次、多渠道的档案共享利用服务的一种档案馆模式[14]。由此可看出，对智慧档案馆的认识大多是从偏向技术角度的“智慧城市”概念出发的，将智慧城市中运用的智慧技术融入档案馆的多元化档案资源的管理与服务中，智慧档案馆是将智慧城市与档案事业领域进行结合而延伸出来的。

2.2.2 智慧档案馆的特征

档案学界对智慧档案馆的研究尚处在起步阶段，对其特征也众说纷纭。许桂清（2014）认为，智慧档案馆有沟通感知智慧化、建筑设施智慧化、资源管理智能化和服务创新智慧化 4 个特征[15]。傅荣校、施蕊（2015）则以为，智慧档案馆有全面感知、资源多样、互通互联、高效利用和持续创新 5 个特征[14]。综合来说，智慧档案馆的特征主要有全面感知智慧化、档案资源管理智能化、设备设施智能化和服务用户智慧化。

（1）智慧档案馆的全面感知智慧化特征体现在智慧档案馆借助新技术手段实现档案工作者、档案利用者分别与档案资源、档案馆与档案馆或是与全社会等进行深度的智能化感知；同时，感知的内容不仅包括档案实体本身，还包含档案本身附着的信息以及全社会的信息，努力实现对档案信息资源的深度整合与有效衔接。

（2）智慧档案馆的档案资源管理智能化特征体现在智慧档案馆依托新技术使档案资源可感知化，从而实现档案工作者对档案资源的有效管理，同时能够方便快捷地满足用户查询、利用档案的需求。

（3）智慧档案馆的设备设施智能化体现在其建筑楼宇、库房、库架等设备设施等都在全面自动化条件下处于前端的智能监控状态，档案人员可以获取后端的综合信息以便做出分析和决策。

（4）智慧档案馆的服务用户智慧化特征体现在依托丰富的档案信息资源深入分析和深度整合，将档案信息数据化而不是单纯的数字化，进而为用户提供将知识投入生产的创新服务，使隐性知识得以显性化，使档案效益得以最大限度发挥，同时还能为用户提供一站式的优质信息服务，满足用户的多元化信息需求。

2.3 智慧城市与智慧档案馆的关系

2.3.1 智慧城市为智慧档案馆建设带来新机遇

目前，智慧城市建设如火如荼地进行，我国住房和城乡建设部于2013—2016年已公布了3批智慧城市试点，而首批试点已达193个。智慧城市蕴含的理念已深入到城市的各个行业、各个领域中。在档案事业领域，以数字档案馆为核心的档案信息化建设已有十几年之久，数字档案馆从以档案数字化为标志的1.0版发展到以电子档案管理和资源共享为标志的2.0版，其技术基础是数字化技术。档案馆这一公共服务机构作为现代城市发展不可或缺的一部分，是城市记忆和城市文化传播的“窗口”和平台，而智慧城市是以新一代物联网、云计算和大数据等作为技术基础，因此将智慧城市理念融入档案馆和档案信息化建设，为促进档案馆可持续发展提供了一种新契机。随着智慧城市的发展，档案馆借助智慧城市中运用的智慧技术、智慧管理和智慧服务，将档案信息化建设由以资源数字化为核心的档案信息管理拓展至档案馆的全面现代化智慧管理。因此可以说在智慧城市背景下智慧档案馆迎来了新的发展契机。

2.3.2 智慧档案馆为智慧城市建设注入新活力

智慧城市出现后，紧接着档案界就提出了智慧档案馆，并在理论和实践方面进行探讨和摸索，理论上研究其建设的思路和基础架构等，实践中也进行了一些有益尝试，如南京市档案馆提出一种新理念——“智慧档案，快乐档案”的理念、青岛市档案馆则尝试建设智慧型的数字档案馆。智慧档案馆是智慧城市建设中重要的信息栈，同时作为智慧城市建设不可缺少的单元，是我国档案馆发展的高级形态，是档案信息化发展的产物，它将充分发挥其功能，为集智慧技术、智慧管理、智慧服务于一体的智慧城市发展留存记忆，管理城市多元的档案信息资源，为城市政府、企业以及居民等提供泛在的档案信息利用服务，从广度和深度方面最大限度地满足城市用户对档案信息多方面的消费需求，促进智慧城市的可持续发展。据世界银行（World Bank）测算，建成一个拥有百万以上人口的智慧城市，在投入不变的条件下，对信息实施全方位管理，将使城市的发展红利增加2.5～3倍。而要对信息进行全方位管理，实现城市发展红利的增加，档案馆作为掌握政府数据和城市信息最全最大的公共服务机构，作为信息的集散地，在对城市信息的全方位管理中发挥着举足轻重的作用，智慧档案馆的建设可最大限度地实现对信息的全方位管理，为智慧城市的发展输入新鲜血液。

3 智慧城市背景下我国智慧档案馆建设的理论基础

目前，我国对智慧档案馆的研究停留在初级阶段，研究内容集中在档案馆今后发展的趋势、档案管理范式的转换、智慧档案馆建设的思路或策略、功能特征及其体系架构等这些方面。本研究则将视角放在智慧档案馆的理论基础和建设路径上，同时姑且将建设意义、建设要素和建设功能归为其建设的理论基础。因为建设智慧档案馆，首先应该对其建设意义、建设要素和建设功能有一个清晰的界定，才能在此基础上进行更深层次的探讨。

3.1 智慧档案馆建设的意义

当前我国城市化进程加快，城市发展主要历经工业城市、数字城市阶段进入到智慧城市建设的轨道。智慧城市之“智”主要体现在依托先进的技术手段对城市各个核心系统运行状况的全面感知和动态把握，以及对城市信息资源的管理和深度开发、提供利用服务的能力上，“慧”则主要体现在对“以人为本”理念的重视上。智慧档案馆是借助新兴技术手段对多元化的档案资源进行智能管理、深度开发和为用户提供泛在的信息利用服务。智慧城市建设过程中势必会产生诸多文件和信息，对于这些文件、信息首先需要确定其归档范围和管理主体，以期留存城市记忆、管好城市档案、延续城市文明和社会文明。而智慧档案馆作为智慧城市建设中不可分割的一部分，对城市的档案信息资源进行管理有利于推进智慧城市的发展并丰富其内涵。

另外，智慧档案馆同时也作为档案工作重要的一部分，对其进行建设有利于档案馆整体形象的提升，也有利于档案馆整体功能的延伸。过去档案馆由于“重藏轻用”，导致社会公众对其知之甚少，影响了档案馆在公众心中的形象和地位。而智慧档案馆建设强调服务用户智能化，以用户为服务导向，从远离公众到走进公众、服务公众，这些新转变将有助于档案馆形象的提升。此外，从数字生态、人文和谐等角度对档案馆工作进行部署，还有利于延伸档案馆整体功能，可以说在智慧城市大背景下建设智慧档案馆，从整体上推动了我国档案馆和档案事业朝前发展。

3.2 智慧档案馆建设的要素

智慧档案馆由于涉及范围较广，建设要素不少，可以说是一项较为复杂的系统工程。首先，智慧档案馆建设是在原有实体档案馆和数字档案馆的基础之上，依托实体档案馆和数字档案馆原有的档案信息资源进行建设，在建设过程中运用物联网、云计算和大数据等新技术对已经数字化了的档案信息资源进行充分整合和挖掘，以实现信息共享和为用户提供利用服务的目标。其次，智慧档案馆强调设备设施智能化，除实体档案馆原有的设备设施如建筑、库房、库架等，同时还可根据需要引进一些先进的基础设施，借助智能平台的搭建使这些设备设施处于一种智能监控状态，便于档案工作人员的管理。再次，智慧档案馆建设需要培养一批优秀的人才队伍，因为拥有先进的人力资本可大大促进智慧档案馆的建设。最后，智慧档案馆建设还须遵循一定的政策和制度，以保证其建设过程有章可循。

总的来说，智慧档案馆的建设要素离不开档案馆原有的档案信息资源、设备设施的使用、新兴技术的运用、平台的搭建、人才的培养以及制度的建设等这些方面。简单来说，智慧档案馆的建设要素可概括为：智慧档案馆＝档案信息资源＋新技术＋新平台＋智能化设施＋人力资源＋制度。当然，智慧档案馆在建设的过程中涉及的范围、要素远不止这些，其中还包括诸如资金保障等不可缺少的因素。

3.3 智慧档案馆的功能

档案界对智慧档案馆的功能已有初步研究，并形成了不同的认识。杨来青、李大鹏（2015）提出了智慧档案馆的功能体系，认为主要包括社会功能、基本功能、业务功能和基础功能[16]。刘英（2017）则指出智慧档案馆的功能主要包括社会功能、基本功能和业务功能。其社会功能是指记录历史和提供档案信息社会服务的功能，这一社会功能是基础功能。其基本功能则是围绕档案收集、管理、存储和利用4方面展开智能化管理。其业务功能主要包括档案归档业务功能、管理档案实体功能、检索档案资源数据功能、利用智能提供档案查询服务功能等几个方面[17]。

然而，将智慧档案馆的功能划分为社会功能、基本功能和业务功能并非完全准确，其中的业务功能则包含在基本功能中，是借助智慧技术手段对基本功能的延伸。此外，智慧档案馆与实体档案馆、数字档案馆并非完全脱离，智慧档案馆是在实体档案馆和数字档案馆功能内核的基础上，借助物联网、云计算、大数据等新兴技术手段进行发展而来的一种档案馆新模式。因此，智慧档案馆的功能应该说继承并发展了实体档案馆和数字档案馆的功能特征，其建设功能可简单概括为基础功能和社会功能，基础功能主要是智慧档案馆依托先进智能技术对档案资源的收集、保存、管理等基本功能，社会功能则是智慧档案馆具有资政决策、文化休闲以及社会记忆等的功能。

4 智慧城市背景下我国智慧档案馆的建设路径

关于智慧档案馆的建设思路或措施策略或实现路径已有相关研究，陶水龙（2014）认为，智慧档案馆与四大核心技术：智能楼宇技术、物联网、云计算和大数据技术的融合是其建设思路[4]。王小健、刘延平（2015）指出，综合应用物联网、云计算和移动互联网技术，深入贯彻以人为本的理念，以及全面融合档案信息集成服务是其建设的措施[5]。邓丽芝、高永青（2016）则提出，政策制定、技术保障和平台搭建是其建设的三大实现路径[6]。然而，建设智慧档案馆涉及的不单单是这些，本研究认为其建设路径大体包括制度建设、技术建设、平台建设、人才建设与保障建设。

4.1 智慧档案馆的制度建设

当前的一些地方建设智慧档案馆缺乏制度的保障，处在各自探索的局面，国家层面还未制定包括管理标准、业务标准等在内的统一标准规范，顶层的整体设计、统筹规划与相关的组织架构和工作体系并未落实，这难免会影响智慧档案馆的整体建设。俗话说“不以规矩不成方圆”。智慧档案馆的建设并非易事，需要做到有章可循，法规制度与标准规范是智慧档案馆建设不可或缺的内容和环节，能起到支持和引导的重要作用，这也是政府在智慧档案馆建设中发挥主导性作用的要求。因此，在智慧城市背景下，建设智慧档案馆要考虑制度建设方面的问题。

档案行政部门在制定相关法规制度和标准规范方面不仅要考虑到智慧档案馆的发展，而且也要结合智慧城市建设的整体方向和标准要求进行综合考虑，系统规划智慧档案馆的未来发展，使在建和要投入建设的地方档案馆有法规制度的引导和参考，同时也为地方的建设提供制度上的支持和保证。此外，还可进一步建成地方智慧档案馆群，使处于分散管理状态的档案信息资源趋于有序集中和统一，为社会用户提供优质信息共享服务，为智慧城市的发展提供全方位的信息和知识服务。因此，通过出台相关法规制度，推出可操作的实施细则以及形成具体的标准规范体系等举措来推进智慧档案馆的制度建设是有必要的。

4.2 智慧档案馆的技术建设

随着新一代信息技术应用到智慧城市的建设当中，技术在智慧档案馆建设中也发挥着尤为重要的作用，这从智慧档案馆的概念就可以体现出来。本文所指的关于智慧档案馆的技术建设并非要再造新的技术，而是强调建设智慧档案馆要依托现有的新兴技术，采用物联网、云计算与大数据、智能楼宇技术等技术体系来支持和保障智慧档案馆的高效智能运行。

智慧档案馆借助物联网技术实现智能控制。物联网是指通过一些特定的信息传感设备，将物品与互联网连接起来，最终实现智能化的识别、定位、追踪、监控和管理，其本质是在信息技术支撑下跨时空的物联网。物联网技术是由感知层、网络层和应用层组成而来的，将物联网技术应用于智慧档案馆建设中，可以通过物联网的感知层识别档案馆物体并进行信息采集，通过网络层实现档案馆的数据、信息传输，通过应用层实现档案馆数据、信息的处理与分析，由此可以实现信息、人员、档案馆之间的相互联动，实现数据、信息的深入整合和集约展现。

智慧档案馆借助云计算和大数据技术实现资源共享与获取。云计算和大数据之间的关系可以说是相辅相成、相互依赖的，有一种形象的描述，即，“大数据是高速跑车，云计算是高速公路”。云计算是一种按需付费的模式，这种模式可使用户快速地进入可配置的资源池，其中只需投入很少的精力进行管理或是与服务提供商交互。大数据涉及海量的数据，是指无法在一定的时间内处理、抓取和管理的数据集合。将云计算技术应用于智慧档案馆建设中，可以打造由若干个独立且分散的档案馆组成的智慧档案馆群，把这些档案馆所各自拥有的档案信息资源整合到一个大的云平台上，这个云平台可以是“公有云”“私有云”或是“混合云”，以实现档案信息资源的存储和共享。如果能将这个云平台与智慧城市相连接，对满足智慧城市建设中的档案信息资源需求则有极大的帮助。在云计算的基础上，将大数据技术应用于智慧档案馆建设中，可以从存储在云平台上的海量数据资源中挖掘出有价值的信息，满足用户和城市的档案信息需求。

智慧档案馆借助智能楼宇技术提高工作效率。智能楼宇又称智能建筑（Intelligent Building，IB），国家标准《智能建筑设计标准》（GB 50314—2015）中将IB定义为："以建筑物为平台，基于对各类智能化信息的综合应用，集架构、系统、应用、管理及优化组合为一体，具有感知、传输、记忆、推理、判断和决策的综合智慧能力，形成以人、建筑、环境互为协调的整合体，为人们提供安全、高效、便利及可持续发展功能环境的建筑"[18]。将智慧楼宇技术应用于智慧档案馆建设中，可以使档案馆具备智能楼宇的功能，为档案人员提高工作效率创造高效、便利、安全的环境。

4.3 智慧档案馆的平台建设

智慧档案馆在技术建设和拥有强大档案信息资源的基础上，还需要通过平台建设来对这些资源进行管理和提供利用。关于智慧档案馆的平台建设，迟伟凡、李晶伟（2015）认为，从智慧档案馆数据获取来源不同的角度，可将平台划分为系统内平台与系统外平台，系统内平台又划分为"物理管理平台"和"逻辑管理平台"，系统外平台则是"信息发布平台"，这三大平台之间的联系是："物理管理平台"和"逻辑管理平台"是"信息发布平台"的基础和保障，而"信息发布平台"则是"物理管理平台"与"逻辑管理平台"的延伸和发展。智慧城市背景下将物联网、云计算、大数据等新技术充分运用到智慧档案馆建设中，借助这三大平台可提升档案馆的信息整合能力与开发服务能力[19]。

此外，一些地级市依托丰富的数字化档案信息资源，对智慧档案管理体系进行构建，以及对智慧档案馆的平台进行了初步尝试。例如，浙江省绍兴市档案部门在原有的已经数字化了的档案信息资源的基础上，创建了"区域公共档案信息资源管理和服务总平台"以及"区域涉民档案集成管理与服务平台"，使区域的档案信息资源共建共享得到了进一步有效的推进，为智慧档案馆平台建设进行了有益尝试[20]。

不管是"物理管理平台""逻辑管理平台""信息发布平台"，还是"区域公共档案信息资源管理和服务总平台"及"区域涉民档案集成管理与服务平台"，智慧档案馆的平台建设都要符合档案信息资源智能化收集、整理、保存等管理需要和提供信息利用服务需要的要求。在建设智慧档案馆的尝试中，档案部门要依据其实际情况和具体需要进行平台建设，此外在建智能管理服务平台的前提下，还可考虑智能移动终端平台的建设，以更好地满足用户需求以及城市发展的需要。

4.4 智慧档案馆的人才建设

智慧城市建设中对新技术的运用、基础设施的建设和城市的管理较为关注，而对于人才的培养和储备则稍有欠缺，有一些研究也提出智慧城市建设应该重视其建设主体——人才，因为人才作为智慧城市的建设者在其中扮演着举足轻重的角色。而智慧档案馆建设也是如此，不仅要注重制度、技术、平台等"物"的建设，也同样要重视"人"的因素，重视人才的培养和储备。智慧人才在智慧档案馆建设中能发挥主观能动性，对推动智慧档案馆发展具有不可磨灭的作用。

智慧档案馆提出时间并不长，但部分省市如浙江绍兴、山东青岛等档案局馆已开始初步探索和尝试，也有许多的相关文章研究智慧档案馆的技术系统特征分析、功能及体系结构分析、平台建设等，而在人才培养方面的研究则略有不足。虽然智慧档案馆起步较晚，但对于促进智慧档案馆建设的政策制定、技术分析、功能研究、平台建设、人才培养等种种方面都应有所考虑。况且智慧档案馆的人才建设并不是一朝一夕的工作，人才的培养具有一定的周期性，应该与技术应用、平台建设等其他因素同步进行。

智慧档案馆对各种人才的需求不同，在人才建设方面要有所侧重。首先，针对档案工作人员来说，不仅加强对档案工作人员工作方法和技能的培训，还要注重培训新技术的应用，掌握一定的计算机知识等。其次，针对档案学专业学生而言，不仅要开设一般的档案学课程，使学生掌握相关的基础知识，还应开设一些计算机档案管理等类似的实践操作课程，以此培养高层次的专业型人才。此外，还可以引进一些高层次的复合型人才和创新型人才来为智慧档案馆出谋划策等。总的来说，智慧档案馆在人才建设上应注重培养一批智慧型人才队伍，不仅要具备档案基础知识，还要熟练使用各种先进技术，同时还需要一些领导型、管理型的智慧人才，从而在整体上提高智慧档案馆人员的整体素质，为智慧档案馆建设积蓄人才力量并注入新鲜血液。

4.5 智慧档案馆的保障建设

智慧档案馆除了制度、技术、平台、人才的建设之外，还应包括保障建设，而保障建设最重要的就是资金的保障。智慧档案馆建设是一项较为庞大的复杂的系统工程，需要大量资金投入其中，新技术应用、平台开发与运行、人才培养与引进等各方面都需要资金的支持。而档案馆的经费来源一般来说大致有财政收入、计划投资、社会捐赠以及创收4种，其中财政收入是档案馆的主要资金来源[21]。政府财政拨款和计划投资是目前智慧档案馆建设资金的主要单一来源，如果财政拨款和计划投资不能满足智慧档案馆建设的需要，资金难以保障则会使智慧档案馆建设成为空谈或是使智慧档案馆建设大打折扣。

因此，智慧档案馆的资金保障建设也值得关注，档案部门在财政拨款和计划投资的基础上可以进行相关的探索，在社会团体和个人捐赠不稳定的情况下，尝试主动创收，可以利用档案馆的优势开展相关的有偿服务，或是尝试引入“开源节流”的机制，采取政府指导、社会参与的模式，在财政资金的支持下构建多元的融资渠道，使智慧档案馆建设得到资金上的重要保障。

5 结语

在当前智慧城市建设如火如荼的背景下，作为智慧城市不可分割的智慧档案馆如何为智慧城市留存记忆、全方位管理档案信息并提供利用服务，成为档案人员有必要考虑的问题。而智慧档案馆同时又是档案馆事业今后发展的新趋势和新前景，在智慧城市背景下研究智慧档案馆建设具有重要意义。

目前国外对“智慧档案馆”这一概念并未明确指出，相比较而言，我国在“智慧城市”出现后不久就从多方面、多角度进行了研究，虽然目前成果有限，研究体系尚未形成，但是学界对此话题的关注度和研究热情相对较高。相关研究大多围绕功能特征、体系架构、建设思路等方面进行，也有从某一技术角度进行的。基于已有的研究成果，将“智慧档案馆”与“智慧城市”结合起来进行研究仍是有必要的，因此本文着重从制度建设、技术建设、平台建设、人才建设和保障建设这几方面来研究智慧档案馆的建设路径，为智慧档案馆的建设提供一些思考和帮助。

参 考 文 献

[1] 杨来青，徐明君，邹杰．档案馆未来发展的新前景：智慧档案馆［J］．中国档案，2013（2）：68-70.

[2] 杨来青．智慧档案馆是信息化发展的必然产物［J］．中国档案，2014（6）：64-66.

[3] 檀竹茂．智慧城市背景下档案管理范式的转换——以青岛市智慧档案馆为例［J］．档案，2014（3）：15-17.

[4] 陶水龙．智慧档案馆建设思路研究［J］．中国档案，2014（6）：67-69.

[5] 王小健，刘延平．面向智慧城市的智慧档案馆建设［J］．档案与建设，2015（5）：16-20.

[6] 邓丽芝，高永青．智慧档案馆建设路径分析［J］．兰台世界，2016（22）：155-157.

[7] 薛四新，卫化昱，杨艳．智慧档案馆研究思考［J］．北京档案，2014（5）：28-30.

[8] 陈静，韩海涛，田伟．大数据时代智慧档案馆构建探析［J］．北京档案，2015（1）：25-27.

[9] Laurinen. P，Tuovinen. L，Roning. J. Smart archive：a component - based data mining application framework［J］．Neural Networks，2008（6）：989-992.

[10] 智慧的城市在中国：http：//www. crisismanagemene. com. cn/templates/blue/down_listlluzt_zhcs/IBM-智慧的城市在中国．pdf.

[11] 杨正洪．智慧城市：大数据、物联网和云计算之应用［M］．北京：清华大学出版社，2014.

[12] Caragliu A，Del Bo C，Nijkamp P. Smart cities inEurope（2009）［R/OL］．［2017-08-10］，http：//www. cers. tuke. sk/cers2009/PDF/01_03_Nijkamp. pdf.

[13] 李光亚，张鹏翥，孙景乐，等．智慧城市大数据［M］．上海：上海科学技术出版社，2015.

[14] 傅荣校，施蕊．论智慧城市背景下的智慧档案馆建设［J］．浙江档案，2015（5）：14-17.

[15] 许桂清．对智慧档案馆的认识与探析［J］．中国档案，2014（6）：70-71.

[16] 杨来青，李大鹏．智慧档案馆功能及体系结构［J］．中国档案，2015（7）：59-61.

[17] 刘英．智慧档案馆建设原则及路径［J］．兰台内外，2017（1）：50.

[18] 中华人民共和国住房和城乡建设部．智能建筑设计标准：GB 50314—2015［S］．北京：中国计划出版社，2015.

[19] 迟伟凡，李晶伟．论智慧城市环境下智慧档案馆三大平台建设［C］．第十二届沈阳科学学术年会论文集（经管社科），2015.

[20] 陈慧瑛．智慧档案 数字新兴——绍兴市档案信息化建设转型升级的探索实践［J］．浙江档案，2013（12）：14-15.

[21] 何振．档案馆新探［M］．北京：中国档案出版社，2003.

10 档案管理

中国—马来西亚产业园区企业档案信息安全风险研究

陆尘香

（广西民族大学管理学院，广西　南宁　530006）

摘　要：中国—马来西亚钦州产业园是中国—马来西亚两国经济贸易合作的标志性项目和中国—东盟自由贸易区合作新的典范，其在建设发展过程中会形成许多档案，企业档案信息安全管理是企业管理的重要组成部分，对其存在的安全风险进行有效控制是企业档案管理工作的重要内容。本文基于调研的基础上，分析得到当前中马钦州产业园园区企业档案管理存在园区企业缺乏档案专业人才、档案管理不规范、档案意识较低、档案管理设备落后等安全风险问题，这些问题严重威胁中马钦州产业园区企业档案信息安全，进而提出园区可以通过引进专业人才、制定园区档案管理规范制度、加强档案培训提高档案意识、构建园区档案综合管理中心等方式优化园区各企业的档案管理工作，对目前存在的档案信息安全风险进行有效的风险控制，将中马钦州产业园园区企业档案信息面临的安全风险降到最低。

关键词：中马钦州产业园；企业档案信息；风险；控制

1　引言

1.1　研究背景

1.1.1　中国—马来西亚钦州产业园简介

中国—马来西亚钦州产业园区是一个集工业、商业以及居住为一体的产业发展新城。中马钦州产业园区以打造“中马智造城，共赢示范区”中国—东盟合作的示范区域为发展目标，其定位为：一是建设先进的制作基地——延续北部湾产业发展链条的聚焦区，通过利用区位优势以及东盟国家的资源优势，进行国际之间传统产业合作的深化，积极地发展新兴战略相关产业，不断实现主导产业链条的延伸，成为培育生物技术、多媒体技术等先进技术新兴产业的聚焦区。二是信息智慧的走廊，具备研发先进技术的国际竞争力先导区。通过借鉴马来西亚“多媒体超级走廊”计划成功的发展经验，充分发挥各自优势，实现互惠互利，共同发展多媒体技术，建设交流和研发试验基地，完善产学研一体化智慧园区的构筑。三是文化生态新城，充分展现东南亚国家风情的宜居山水城市，将中马钦州产业园区的城市空间与城市周边的自然山体、主要水系（金鼓江）进行有机融合，创造出绿色生态的山、水、城相互融合的生态艺术空间。同时，在城市景观的塑造中也尽量展现东南亚国家的风情特色。四是合作交流窗口，产业园区地理位置上依托临近东盟的优势区位，将中马钦州产业园区打造成为服务中国—东盟自由贸易区的信息发布以及贸易往来平台、项目展示与商务合作窗口[1]。

1.1.2 研究来源

2012 年 4 月，中国—马来西亚钦州产业园在广西壮族自治区钦州市正式开园，成为中国与马来西亚两国产业经济贸易合作的重要标志性项目，成为中国—东盟自由贸易区深化合作的新典范。随着中国与马来西亚产业经济合作的不断深入与发展，中马钦州产业园区在此基础上得到迅速发展。随着信息时代的到来，信息资源已经成为企业在市场经济中获得发展和效益的最重要资产之一，随着中马产业经济的合作项目的不断深入与发展，双方在经济合作中的档案信息安全风险问题开始凸显，严重影响到了中马两国在经济项目合作中的发展，档案信息安全受到来自各方面的挑战，档案信息安全风险的增加严重影响了中马产业经济合作的健康有序协调发展。

本文面向中国—马来西亚产业经济合作项目，研究中国—马来西亚产业经济合作中企业档案信息安全管理存在的风险点的类型、特征以及形成机制，并针对存在的风险点提出相应的档案信息安全风险控制途径，有效规避中马产业经济合作未来的发展潜在的存在的档案信息安全管理风险，促进双方经济的进一步合作与发展，并助力与中马钦州产业园区的发展与建设，为中国东盟贸易区打造出中国—东盟合作的示范区域。

1.2 研究目的与意义

1.2.1 研究目的

（1）本文主要研究中国—马来西亚产业经济合作中企业存在的档案信息安全管理风险和控制手段，紧密结合中国—马来西亚产业经济合作的重点和方向，结合信息时代飞速发展和大数据背景，分析中马产业经济合作中企业的档案信息安全风险，识别中国—马来西亚产业经济合作中企业存在的档案信息安全风险点，并在分析这些档案信息安全风险点的基础上进一步探究信息安全风险点类型和形成机制，以及其对中国—马来西亚产业经济合作的影响。

（2）根据中国—马来西亚产业经济合作中企业档案信息安全风险点的识别，有针对地提出相应的档案信息安全管理风险控制途径和方法，为中马产业经济合作中有效控制存在的档案信息安全风险提供理论和实践上的指导。

（3）在深入研究的基础上，利用问卷调查法、访谈法、专家咨询法、网络调查法得到相关数据，利用数据统计软件进行数据分析，为中国—马来西亚产业经济合作中企业的档案信息安全风险构建一个信息安全风险评估与控制的模型。

1.2.2 研究意义

（1）理论意义。通过对中国—马来西亚产业经济合作中企业的信息安全风险的类型、构成机制和有效控制途径的研究，深刻分析中马产业经济合作中存在的人员风险、组织风险、物质环境风险、信息系统风险、第三方风险和法律风险，并深入探析这些风险的形成机制——风险形成的内因和外因，并在此研究基础上有针对地提出有效的风险控制途径，为中国—马来西亚产业经济合作中企业有效识别存在的档案信息安全风险及选择解决方法提供了理论指导。

（2）实践意义。在信息时代，中国—马来西亚产业经济合作的进一步深入开展离不开对档案信息安全风险的有效控制，本文的研究可以为中马产业经济合作中企业的档案信息安全风险控制问题提供有效的解决途径，对推动中马产业经济合作的进一步发展具有重大的实践意义。

1.3 研究综述

通过中国知网、万方等数据资源库进行相关论文统计，以“档案安全管理”作为检索词，检索时间限定为“2000.01.01—2017.11.01”，共检索到1211条数据。在此基础上再通过检索条件：［（主题=企业档案 或者 subject=中英文扩展（企业档案，中英文对照）］并且［主题=安全管理 或者 subject=中英文扩展（安全管理，中英文对照）］（精确匹配），专辑导航：全部；数据库：文献跨库检索。通过分析最终得到217条数据。结合利用中国知网计量可视化分析如下：

1.3.1 文章发表时间统计

通过对2000—2017年这段时间内企业档案安全管理研究领域的论文发表情况进行分析，可了解该领域研究的进展。有关研究企业档案安全管理研究的论文发表年代情况如图1所示。

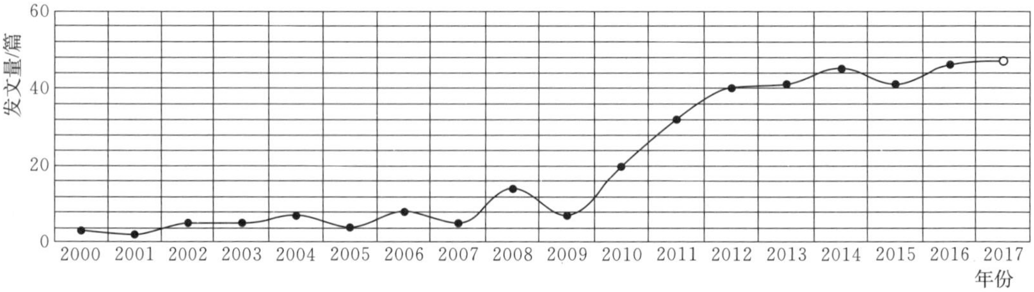

图1 “企业档案安全管理”研究论文年度分布折线图

由图1中可以直观地看出，学术界在2000年已经开始就企业档案安全管理这个问题进行研究，并且每年的论文发表数量总体上呈现上升趋势。2009—2014年发表的文章数量增加速度加快，且在2014年出现了发文数量高峰，说明在此期间企业档案的安全管理问题受到学术界学者们的关注度较高，并且学者们针对这个问题开展了广泛深入的研究。2015年发文数量稍有回落，但是2016年开始，发文数量再次呈现上升趋势，说明企业档案安全管理问题依然受到学者们的关注，并且在今后几年时间内或许这一主题的发文量将会到达新的高峰。该主题的发文量呈现上升趋势与市场经济多元化，私有经济不断发展，企业力量不断发展壮大，在市场经济中开始占领相当大的份额这一现实情况相符，同时也说明，企业档案安全管理问题依然值得我们继续关注和研究。

1.3.2 文章主题分布统计

关键词是用于表达相关文献主题概念的主要语言词汇，而高频关键词指论文中出现频率较高的关键词，对某一领域发表论文的高频关键词进行研究，可在一定程度上揭示该领域的研究热点。文章中的关键词和主题词，是一篇文章的核心内容的高度凝练和概括表达，研究论文的主题有助于了解该主题研究学者们关注的主要内容。从图 2 可知，文献数排名前 8 位的论文的主题分别是“档案安全管理”“企业管理”“企业档案管理”“企业档案”“档案管理工作”“档案库房”“安全管理”“档案管理人员”，说明在过去十几年的研究中，学者们意识到企业档案安全管理工作实际上是企业管理的一部分，进行安全管理首先要明确管理的对象是企业档案，而“档案库房”“档案管理人员”两个要素对企业安全管理工作起着至关重要的作用，学者们研究的热点也是以上所述如何通过调节“档案管理人员”（人员要素）与“档案库房”（环境要素）以及“档案信息”（信息要素）来保障企业档案信息的安全。

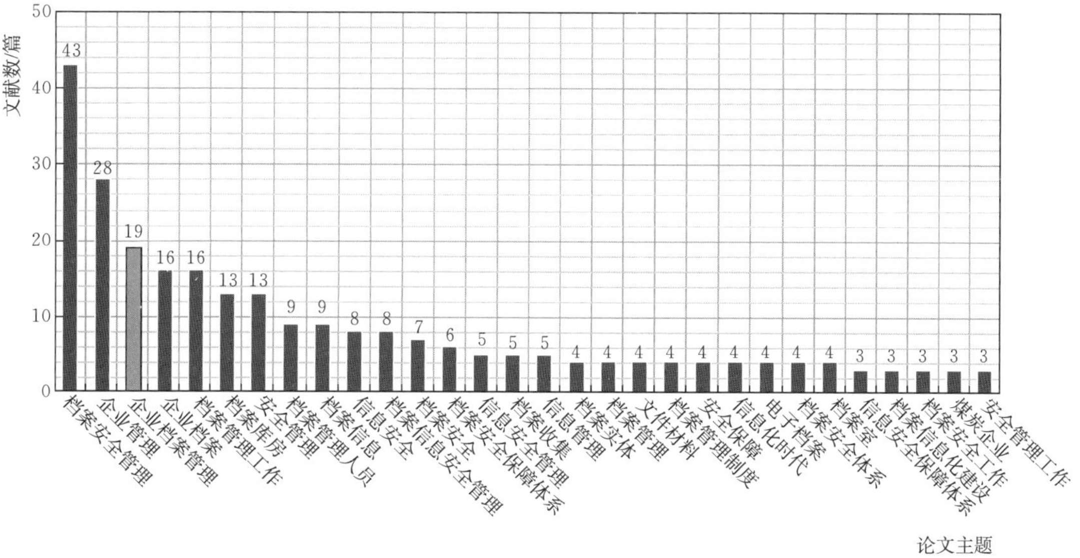

图 2 “企业档案安全管理”研究论文主题分布柱状图

1.3.3 国外研究现状

欧美发达国家率先步入了工业社会，相关法律制订较为完备，企业信息化程度较高，对企业档案的管理国家和社会都有着相对严格要求和规则界定，其档案安全管理水平日趋成熟。本文从理论研究、相关法律法规和实践研究 3 方面来阐述国外企业档案安全管理研究现状。

（1）企业档案安全理论研究。通过对检索到的文章进行内容分析，发现国外学术界十分重视企业信息安全，在数量上这方面的研究成果占统计结果的首位，文章内容上涉及的范围也比较全面深入。伴随着企业业务的不断扩大以及科技发展的不断冲击，大部分的企业文件和数据需要通过计算机以及网络来完成传输，在此情况下，除了处于静态存储状态的信息需要安全保管外，处于不断更新变化的动态信息也应该得到安全重视保障。

国外企业在信息安全管理方面发展的速度比较快，信息安全工作的着重点已经从传统三原则即信息保密性、完整性、可用性，过渡到了可控性、真实性等目标上来。Marzieh Shariati（2011）对企业信息安全体系开展研究后提出了要构建全方位、体系化的信息安全保障理念，在重视信息系统存在的漏洞的基础上，从业务活动的生命周期开始着手，进一步分析业务流程以及相应产生的信息，抓住每个环节中的重要控制节点，从前、中、后3个阶段对信息安全事件的产生进行分析并加以安全保障[2]。这种企业信息安全体系，不仅仅是企业的信息安全保护网，更是把安全管理和技术防护结合起来构建的深度防御体系，以利于防御信息安全的攻击上获得更多的主动权。可以看出，国外企业十分重视信息安全，信息安全防护的理念深入人心，风险承受模式已经进一步过渡到如今的安全保障模式，被动变为主动，进入了从整体角度来考虑信息安全建设问题的信息安全保障时代。

（2）档案安全标准研究方面。建立在工业化发展的基础上的发达国家，社会和经济十分迅速，信息安全保障的标准化建设工作同样走在世界前沿，国外的政府机构以及企业均较早地意识到规范文档管理的重要性，各国都针对信息安全问题建立了相关管理标准，以规范文档管理工作，促进经济发展和社会进步。

在国际文档标准方面，国际标准 ISO 15489 的影响力深远，是世界公认的为机构与个人开展文件管理工作以及文件管理软件应用提供基础指导的国际文档管理标准，它既能够应对电子文件发展带来的新挑战，同时兼顾了纸质文档的管理，有力地推动了各个国家以及企业的文档工作的发展；国际信息安全管理体系标准（ISO 027001）在风险管理的思想基础上，对信息安全管理进行严格界定，为企业的文档管理工作提供了有利的安全保障；关于电子文件管理的问题，1997 年，美国国防部颁布了《电子文件管理软件设计评价标准》为电子文件管理软件提供了评估以及初审标准的正式认证标准，这个标准在北美和澳大利亚等地区的软件用户以及软件开发公司中发挥着重要的影响力，许多用户都把通过这个标准认证的产品视为衡量综合能力的标准；欧洲的《电子文件管理通用需求》以及澳大利亚实施的维多利亚电子文件管理战略均对电子文件以及电子文件管理系统的安全管理提出了相应要求，规范和指导了其他国家在电子文件安全管理安全体系建设[3]。

（3）企业文档安全实践研究方面。世界发达国家的企业对档案安全管理的问题上有较早的认识和研究，在现阶段已经拥有丰富的企业档案安全管理经验和技术。以 IBM 公司为例，该公司研发的技术产品为企业档案信息管理提供了解决方案，对于企业内容以及过程管理，乃至整个文件生命周期所涉及的信息安全管理问题统统给予相应的解决方法[4]。此外，蜂鸟公司也推出关于企业档案信息安全管理策略和解决方案的白皮书，强调了企业档案资产以及对其开展安全管理的重要性，从技术、人员等方面为企业档案信息安全管理提供相关的策略支持[5]。

综上所述，国外对于企业信息安全和信息安全体系构建的相关研究日趋成熟，企业档案安全通过国家法律法规和国际、行业文件管理标准的颁布得到有效保障，但是受国家相关政策以及经济模式的影响，国外从体系层面上去研究企业档案安全保障体系建设问题还甚少有人涉猎。

1.3.4 国内研究现状

新时代在经济全球化历史潮流下，我国企业的经营理念和经营方式受到冲击，企业对档案信息有了新的认识，其拥有保存的档案信息企业生存和发展的重要信息资源，与企业的生存发展息息相关[6]，企业档案安全问题开始受到重视，国内对企业档案安全的研究也逐渐增多。

（1）企业档案工作存在的问题及对策。徐辉认为，相对于国有企业的其他工作，档案管理工作相对滞后，档案处理的要求与企业档案工作人员的专业素质不相匹配；档案工作物质和经费保障较为缺乏；档案执法环节比较薄弱[7]。潘荣认为，档案法制观念以及社会档案意识淡薄；企业经济效益追求以及档案管理状况直接关系到档案管理工作的正常开展[8]。针对以上问题，奚青梅、张秋芳认为，为了使企业档案管理工作能够顺利开展，关键是提高认识，基础是优化档案人员素质，进一步落实组织，健全法律法规[9]。乔红星认为，在新形势下，国有企业档案管理工作要想有所作为，就必须实现思想观念向开放型转变，管理模式向一体化转变，服务体系向网络化转变，档案人才向复合型转变[10]。

（2）企业档案信息安全风险要素。王艳贞认为档案安全风险因素应该划分为档案机构内部因素、社会环境因素和自然环境因素三大类[11]。许凤从档案机构内部、社会环境以及自然环境这三个方面的因素对档案安全风险种类进行了探讨[12]。邢维萍在《论企业档案安全风险与对策》一文中认为档案安全风险存在于多个方面，包括环境、技术以及人为3个方面。其中，环境风险包括了自然环境灾害等因素；技术风险包括病毒感染、技术故障以及存储介质三方面的内容；人为风险则包括人为窃取和攻击、档案利用中管理方式不当等因素[13]。范园园认为按引发档案风险因素划分，可分为档案自然风险以及档案人为风险；依据档案构成划分，可分为档案实体风险与档案信息风险；从档案工作流程进行划分，可分为收集、整理、鉴定、保管、和利用风险[14]。笔者认为，该文中对档案安全风险因素的归纳总结的角度以及内容均为较全面的。

（3）档案安全风险评估研究。凌晓玲认为企业档案安全风险评估的重点应强调：齐全完整归档、规范分类整理、安全保密保管、安全高效利用[15]。王良城对档案安全风险评估的相关概念、目标等基础性理论进行了介绍，强调了把风险评估作为一个切入点和着力点，带动档案安全体系建设各项任务的全面落实[16]。白艳辉、吴颖利认为进行风险管理，提前对档案管理工作中可能存在的安全隐患进行分析、排查，必然会大大降低发生档案事故的概率，对于提高档案安全管理也会发挥显著作用[17]。谭艳萍从档案安全风险评估的制度保障需求、档案风险评估制度的建立原则以及保障实施等方面对档案安全风险评估制度进行研究，该文更多是从理论层面对该问题进行研究，文章重点集中于制度设计而非标准设计[18]。梁淑华、胡永坤在探讨档案安全风险的复杂性基础上提出了档案安全风险评估的指标，即从档案管理办法、档案载体安全、档案信息安全等方面建立了十二个大方面的档案安全风险评估指标，强调定量研究与定性研究的结合，并对档案安全风险评估的程序进行了介绍[19]。方昀、刘守恒在《档案馆档案安全风险评估内容分析和评估指标研究》一文中介绍了档案安全风险评估的主要内容，并综合档案安全风险评估内容，主要从档案安全制度建设、档案安全基础设施、档案安全防护设施、档案信息保密和档案安全应急机制等方面制定评估指标，并提供赋分表进行定量研究，同时同样注重开展档案安全风险评估活动，在实践中检验档案安全风险评估内容和评估指标的科学性和合理性[20]。项文新在其文章中则侧重于对档案信息安全风险进行评估，将该流程分为了宏观流程和微观流程两个方面，宏观流程则包括了风险评估准备、资产识别、威胁与脆弱性识别、已有控制措施确认、风险测算及登记确认、提出风险处理计划和编写风险评估报告整个评估流程[21]。彭远明在其文章中则认为档案安全风险评价指标应包括：组织领导、人员素质、库房基础设施建设、配套设施、消防设施设备与保护措施、档案前端与后端管理，防灾减灾的应急预案、档案原件抢救修复，以及特色评估等，并根据指标设计具体的量化标准，其指标的建立是从档案管理的物理层面和管理制度层面的角度对风险评估指标进行设计[22]。

笔者认为，在档案安全风险评估方面的研究中，更多的文章侧重于相关基础理论的研究，在评估指标的构建的过程中，更多考虑的是档案管理制度或者说是针对档案实体安全进行档案风险评估，而对于档案信息安全进行的风险评估则较少，且研究多表现的较为表层，而未有更深层次的研究，在这一方面，图书情报领域的文章则较多且研究更为深化，能够运用国际通用的具有代表性的信息安全管理标准 ISO 27000 系列标准所提出的风险评估方法和信息安全管理控制措施等为指导进行信息安全风险评估，并进行实证研究，而这正是档案学研究领域中所缺乏的部分，也是未来的研究方向和研究趋势[23]。

综上，企业档案安全和档案安全体系这两方面在业内受到重视，虽然关于企业档案安全方面的研究很多，内容涉及风险管理、管理模式、防灾预警、行业档案保护等多个方面，但每篇文章对企业档案的研究只是侧重一个方面，或重点谈管理，或重点研究相关保护技术，研究角度较为微观，而全面的、系统的从体系角度对企业档案安全问题进行研究的还较少；而从体系角度研究企业档案安全保障问题的现有研究其研究深度还不够，对每个模块的认识还不够精确，大多文章还只是在学习总结层面上的泛泛之谈，系统地、宏观地研究企业档案安全保障体系建设还任重而道远。

2　课题研究的思路与框架

通过搜集档案信息安全管理相关文献，利用文献分析法总结前人所研究出来的关于企业档案信息安全风险以及控制对策的相关成果，提出当前研究的不足，并针对不足之处进行补充和完善。在实地调研的基础上，考察中马钦州产业园区入驻企业的档案安全管理存在的问题，识别企业档案信息面临的风险的类型、形成机制，并在整理、识别中国—马来西亚产业经济合作中信息安全风险点的基础上，依据现有的理论和实践成果，探析中国—马来西亚产业经济合作中信息安全控制的实现途径，并在此基础上构建一个面向中国—马来西亚产业经济合作中信息安全保障体系的模型。

3　调查数据汇总整理分析

3.1　中马钦州产业园入园企业调查数据

目前园区已经形成电子信息、生物医药、现代服务业、装备制药、食品加工、材料与新材料六大产业集群，截至 2017 年 7 月，入园注册企业 150 多家，已有 80 多个产业项目落户园区。截至 2017 年 9 月 25 日，在中国—马来西亚钦州产业园区官方网站上有详细介绍的入园企业有 20 所，主要从事的业务有食品、科技、医疗器械、能源、生物技术等方面。大部分入园企业已经正式投入生产，园区企业进驻已经进入新高潮，了解中马钦州产业园入驻企业的相关信息对进一步研究企业档案信息安全风险类型以及风险控制方法有重要的意义，为此笔者对中马钦州产业园官方网站发布的相关企业的信息，对入驻企业进行了相关的数据调查，具体见表1。

表1　　中马钦州产业园入驻企业信息

序号	企业名称	企业简介	投资规模及规划
1	广西鑫德利科技股份有限公司	主要研发生产制造通信业零件，3D曲面热弯机研发生产，3D曲面热弯玻璃加工生产等产品	公司总投资88亿元，项目于2017年5月份开始试运营生产，6月以来出口创汇超过200万美元
2	广西慧宝源医药科技有限公司	公司现有90多个药品批准文号，3个中药独家产品，与美国耶鲁大学合作研究的一类抗癌新药“克拉夫定”正在向国家药监局进行1.1类新药申报	在园区投资20亿元，用地约500亩，建设医药创新平台，医药企业入驻，重点打造涵盖化学药、生物药、现代中药的创新产品体系。公司国际授权专利超过100项，目前在研新药6个
3	马来西亚关丹钦州燕窝有限公司	关丹燕窝有限公司是关丹市议会合作社属下的子公司，公司具有先进的设备和专业的技术，专注于燕窝产品的加工和开发	公司进口马来西亚各种等级燕盏、三角燕、大燕条、小燕条、燕饼、燕碎等进行加工，秉承“优质、创新、健康、时尚”的经营理念不断地为广大客户提供高品位、高质量的健康食品
4	广西中马凯利数码有限公司	公司致力于先进的电子产品制造和研发。计划在园区建设两条工业化4.0智能自动化电视机组装生产线以及MES智能化制造信息管理系统、RFID直接识别系统、ERP企业资源需求与计划管理系统和电脑数据库硬件系统	公司一期总投资约10亿元，注册资本金5000万美元，两条生产线年产能50万台，实现加工贸易进出口额3亿美元
5	广西尚品大马燕窝有限公司	专注生产即食燕窝和加工燕窝汤料	计划投资3000万元在园区开展毛燕进口、加工和即食燕窝生产业务
6	北京金达雷科技有限公司	公司是一家由海外归国留学人员创建的技术密集型企业，专注于超高精度立体光固化3D打印技术的研发，依托高质量、低售价，打开专业级3D打印国际市场，并依托O2O商业模式实现高质量3D打印机的民用普及	计划投资10亿元在园区建设由你造3D打印机及其他对应的配套设备，实现总年产能100万台3D打印机，先期实现年产能10万台
7	福建光速达物联网科技股份有限公司	专业从事家庭智能化产品研发、生产及销售的高新科技企业，公司提供以智能中央控制为中心，照明控制、门禁控制与电器控制三大入口硬件为基础的智能化解决方案	2017年6月入驻园区，计划在园区建设智慧园区（含智慧小区、智慧家庭、智慧酒店）、智慧办公等智慧物联网产业园区相关内容，打造全国智慧园区示范基地

续表

序号	企业名称	企　业　简　介	投资规模及规划
8	炎志医疗器械科技园项目	内容包括多功能监护仪、多参数生理监护仪、传感器、数据采集盒、健康监测、远程视频电话机等产品生产线，以及研发中心、原料和成品库及办公区等	由深圳市炎志科技有限公司投资3亿元建设
9	广西杭开智能科技有限公司	该公司是一家集液晶电子产品、汽车遮阳板以及电子工业专用设备的研发、生产、销售为一体的高新科技企业	在园区建设年产50万台汽车光伏智能液晶遮阳板生产线，同时建设研发中心、检测试验中心及相关配套设施，项目达产后年销售收入可达5亿元
10	福建智趣互联科技股份有限公司（IQEQ）	公司是一家专注幼教领域，以技术促进幼教产业信息化的移动互联网企业	公司拟在园区投资建设幼教大数据中心、幼教实训外包服务基地，建设幼教产业发展平台，吸引上下游相关企业共同入园合作发展
11	广西天昊生物科技有限公司、钦州市钦州港飞宇生物技术研究中心	是同一法人、投资人的直属公司。广西天昊生物科技有限公司主要建设生物制品生产线、研发中心、试验室、生物制品综合生产性研发中心及其配套设施等；钦州市钦州港飞宇生物技术研究中心包括菌种培育生产线、研发中心、检验室、菌种保存中心、复合中心及其配套设施等。	公司落户在园区的微生物添加剂产品研发及生产项目，总投资1.1亿元；钦州市钦州港飞宇生物技术研究中心在园区建设的复合微生物菌种研发生产项目，总投资1.1亿元
12	香港华亿集团股份有限公司	集团主要涉及智慧城市、智能交通、智慧医疗、智慧教育等领域的合作	公司由华亿教育基金会联合华为技术有限公司、深圳澔唐智慧电子科技有限公司、阿里巴巴基金会共同出资30亿元人民币于2016年3月在香港九龙注册成立
13	精燕（广西）燕窝有限公司	是一家以毛燕窝生产、加工、销售为一体的企业	燕窝原产地在马来西亚，公司有自己的燕屋及加工厂，有一套规范的成熟人工挑毛技术以及专业的管理经验，生产的燕窝产品为无添加剂、无漂白、无刷胶的纯天然健康食品。公司拟在园区建设生产车间
14	广西蛋壳机器人科技有限公司	是一家专注于家用智能机器人研发和生产的创新型科技公司。公司以设计、生产家用智能服务机器人为主要业务，结合教育、医疗向用户提供智慧医疗、远程教育、智能陪伴、智能家居等全方位智慧性服务	公司拟在园区投资1亿元，建立蛋壳文创、销售、组装生产中心及建设蛋壳运营中心，自建20000平方米集生产、研发、文创、展销等一体化运营中心

续表

序号	企业名称	企业简介	投资规模及规划
15	广西大西中动新能源科技有限公司	是一家集研发、生产、销售为一体化的民营机电制造企业。产品主要有高效节能环保型“NEMA”标准电机、IE2/YE2/IE3/YE3（铝壳和铸铁壳）系列电机	公司计划在园区投资2亿元建设新能源车用驱动电机项目，主要建设年产能为10万台新能源车用驱动电机生产线
16	广西协鑫中马分布式能源有限公司	协鑫集团有限公司是一家以新能源、清洁能源及相关产业为主的国际化综合性能源集团	广西协鑫中马分布式能源项目一期建设2×75MW燃气—蒸汽联合循环机组，为园区提供冷、热、电三联供能源服务
17	广西君禾大顺商贸有限公司	广西君禾大顺商贸有限公司所生产的燕窝产品全部源自马来西亚诗巫燕窝基地，其燕窝质量为世界之最	计划在园区投资2000万元开展燕窝产业生产、研发和销售。主要产品有纯净燕以及即食燕窝，代理销售马来西亚银蜂蜂蜜、蜂胶等产品
18	广西团集食品有限公司	广州团集食品有限公司是燕窝产业国际联盟主席单位、中国药文化研究会燕窝分会会长单位、溯源燕窝进口商、印尼005溯源燕窝工厂中国区域厂家直销代表	公司拟在园区投资1.5亿元建设毛燕加工工厂、即食燕窝加工厂燕窝衍生食品加工厂及燕窝衍生化妆品工厂
19	广西中马钦州产业园光正华悦进出口贸易有限公司	主要从事马来西亚毛燕加工、净燕包装、即食燕窝，进口各种等级燕盏、三角燕、大小燕条、燕饼、燕碎等，建设集开发、加工、销售为一体的专业企业	公司注册资本3000万元
20	广西港青油脂有限公司	主营业务：植物油料及植物油脂的运输、生产加工（成品粕、精炼油、调和油等）、产品及副产品的销售	注册资本：3亿元人民币，公司一期项目建设用地约273亩，总投资约7.8亿元

注 数据来源：中国—马来西亚钦州产业园区官方网站：http：//www.qip.gov.cn/News/List？signName=ryqy.

3.2 中马钦州产业园入驻企业信息安全风险调查

3.2.1 信息安全风险的类型

随着中国—马来西亚产业经济合作的发展深入，经济合作过程中的信息安全风险是否能得到有力的控制，信息安全能否得到有效保障，对今后中国与马来西亚产业经济合作的发展方向、未来命运均起着至关重要的决定性作用。在信息安全风险中不仅需要考虑可能发生的安全风险还要考虑由此安全风险可能引起的安全风险后果，而且还要在考虑单一的信息安全风险的基础上，同时综合考虑各项风险之间的相互关系作用，对信息安全风险进行综合的分析和评估。

针对中国—马来西亚产业经济合作中可能存在的信息安全的实际情况，本文把中国与马来西亚产业经济合作中可能存在的信息安全风险分为：人员安全风险、组织风险、物质环境风险、信息系统风险、第三方合作风险以及法律风险共6个方面。

（1）人员安全风险。在中国—马来西亚产业经济合作中由于企业、组织缺乏相关的人员安全管理、缺少明确的职责规定和安全意识教育，由于企业内部无意的失误或外部人员恶意的攻击，会使经济合作中业务面临大的风险。

（2）组织风险。如果中国—马来西亚产业经济合作中的经济活动中相关组织在信息安全组织管理方面基础薄弱、存在安全职责不清、安全技术服务能力不足等情况，企业的信息安全管理方面始终处于缺乏有力控制的状态，这将会加大信息安全风险的程度。

（3）物质环境风险。由于缺乏对钦州产业园企业的相关场所的安全保卫，或者是防水、防火、防雷等安全保护措施落实不够，这样的物质环境在面临偷盗以及自然灾难时抵御能力不足，可能会造成极大的安全损失。

（4）信息系统风险。中国—马来西亚产业经济合作中相关公司所用的计算机操作系统，在组织业务交流中使用的大量应用软件，尤其是定制的信息技术应用产品，这些信息系统和应用软件存在的问题和缺陷会对企业信息安全造成影响。比如有的信息系统存在维护困难、结构不完善、技术设计漏洞等问题，这就存在较高的风险。

（5）第三方合作风险。第三方指服务供应商、销售商。随着外包业务的兴起，中国—马来西亚产业经济合作中的部分信息技术业务依赖于供应商和销售商提供服务，不完备的合同、第三方服务能力的不足导致无法适应快速增长的业务需求或者是缺乏第三方管理经验以及功能性不足等多种安全风险，都会导致第三方服务的失效。在开展第三方合作时要加强风险管理。

（6）法律风险。在中国与马来西亚产业经济合作中的各项活动中，或者是利用信息系统的运行过程中，由于国家之间文化差异造成对相关国家法律的误解，或是明知故犯，都会导致组织面临着由于企业信息隐私泄露所造成的风险。

3.2.2 信息安全风险的成因

任何风险都同时具有自然属性以及社会属性，因此信息安全风险亦不例外。事实上信息安全系统本身只是一个人机系统，其运行的每一个过程均无法离开工作人员的参与，然而人员的技术和管理能力是有限的，另外自然环境影响具有不可控性的特点，针对中国—马来西亚产业经济合作中的信息安全风险的形成原因同样分为内部形成原因和外部形成原因。

3.2.2.1 内因

中国—马来西亚产业经济合作中的信息安全的技术、管理以及环境三方面存在一定的脆弱性，它是信息安全风险生成的内在原因。

（1）技术多变性。信息技术能够为中国—马来西亚产业经济合作中的信息安全提供技术保障，但是凡事具有两面性，信息技术带来安全保障的同时往往也会带来信息安全风险。现代信息技术日新月异，即便今天企业采用了最先进的信息技术来保障信息的安全，也难以保证明天这些信息技术依旧强大。技术的多变性还会造成企业档案信息尤其是电子文件信息的存储、长期保存以及读取上的困难，很可能今天存储在设备中的信息还未完善，明天打开时信息就因为各种综合因素的影响而损坏甚至消失。

（2）管理问题。网络和信息系统具有一定的技术复杂性，因此信息系统的安全保障实施和管理就需要经过良好培训或有相关技术经验的员工来进行操作和管理，但是现有的信息安全技术人才大多集中分布于安全产品公司、高校以及科学研究机构，安全人才在数量上远远不能满足企业的安全发展需求。倘若缺乏经验的安全技术专业人员由于安全配置、软硬件的错误使用，信息系统将会处于极不安全的状态，十分容易受到外部不法分子的攻击；倘若未经过安全教育培训的员工由于缺乏安全意识，经常不遵守安全制度甚至是违背安全策略，这也会极易引发安全事件。

（3）环境因素。建筑物、门窗、避雷设施、排水设施等以及其他起支撑作用的物理保护基础设施不完备，或者是相关信息系统物理访问控制缺乏监管，容易会导致盗窃、故意破坏设施以及抵御自然灾害能力不足，不稳定的电力供应如电涌以及电压波动容易导致存储介质失效甚至是硬件故障；防水、防火以及防雷等物理防范措施的不充分，可能导致在灾难发生时，安全保障不够进而造成严重损失。

3.2.2.2 外因

快速发展的计算机网络通信技术通常也会伴随着各种信息安全风险，譬如来自恶意病毒代码、内部问题员工、非授权的访问、社会工程以及偷窃和欺骗等攻击技术和人员的威胁都会成为中国—马来西亚产业经济合作中信息安全风险生成的潜在的外在原因。比如：

（1）恶意制造出来的恶意病毒代码。这些病毒代码是用于入侵计算机或者是在访问计算机后会使计算机存储信息造成巨大破坏的程序，它通常利用木马、病毒、蠕虫等方式攻击目标用户，以破坏或者是窃取目标的机密或是敏感信息。

（2）内部问题员工。这类信息安全风险是由于部分内部员工出于对中国—马来西亚产业经济合作的不满，或者是受雇于其他国家间谍、情报组织潜入企业内部窃取组织敏感或机密信息，以达到发泄私愤或者是换取金钱的目的。

（3）非法用户的入侵。譬如如黑客、非法闯入者、网络恐怖分子、顾问或合作商，通过利用物理环境以及计算机信息系统存在的安全弱点或漏洞，非法或者是越权入侵企业内部的计算机系统，进而窃取、删除有用数据信息或者破坏计算机信息系统，使其瘫痪无法运行。

（4）外部窃听和欺骗。不法分子利用数据嗅探器监视在网络上传输的数据信息，然后利用中间人对信息进行劫持，强行占用一个网络连接的对话，然后读取或是篡改网络对话中传输的数据信息。这些不断出现和动态变化发展的威胁是造成中国—马来西亚产业经济合作中信息安全风险发生的外在原因。

4 企业档案信息安全风险要素识别

企业档案信息安全风险要素识别是对企业档案安全管理工作中存在的薄弱环节进行确认。将其所面临的企业档案信息安全风险要素划分为人员风险要素、组织风险要素与技术风险要素。

4.1 人员风险要素

4.1.1 企业档案管理岗位人员流动性大，极易泄密

企业档案管理岗位人员流动性大是造成档案泄密的主要原因。档案工作者的档案信息

安全意识、素质水平、创新能力会直接影响到档案信息的安全。以H企业为例，综合部专职负责文书档案工作岗位仅1人，其余均为假期实习生，专职人员自2013年来更换了4人。企业档案管理岗位人员流动性大给企业档案信息安全带来极大的人员泄密风险，企业档案管理岗位人员可直接接触记录企业生产经营、战略发展、企业管理及科研技术等企业重要机密档案信息，随着企业档案管理岗位人员离职跳槽向其他公司、行业流动，这部分涉及原企业商业机密的档案信息极可能随之外泄。

4.1.2 企业员工档案安全管理意识弱

H企业档案管理实行二级管理制度，文书档案工作由综合部统筹管理，各部门负责本部门档案资料的使用管理，企业所有员工均可接触到档案信息。企业员工档案安全管理意识弱会给企业档案信息安全管理工作带来诸多问题，譬如各部门档案收集移交不及时对企业档案信息的完整性带来风险；各部门在档案整理、利用中造成档案信息载体损毁对企业档案信息的可用性带来风险；企业工作人员出于自身利益对档案信息内容进行篡改给企业档案信息的真实性带来风险；档案随意摆放于部门办公室给企业档案信息带来丢失风险等。

4.2 组织风险要素

4.2.1 企业重视程度低

企业对档案工作重视程度低，体现在人力、物力、财力的投入不足上。企业档案信息效益的产生具有隐蔽性和延迟性，隐蔽性即企业对档案部门投入的清晰性和收益的模糊性之间的矛盾，延迟性即档案工作的效益要在很长一段时间后才可能显现。档案信息不直接和快速创造经济效益的特点，使企业对其重视程度低，档案信息安全管理投入的资金、人力较少。以H企业为例，档案管理投入资金少，专门存放档案的档案柜及档案安全管理设备至今尚未配备；文书档案工作人员仅一人且为兼管人员。档案信息安全管理设施设备和专业技术人员的缺乏，给企业档案信息安全带来了巨大风险。

4.2.2 档案安全管理规章制度缺失

企业档案安全管理规章制度缺失是风险产生的重要因素。目前我国已出台的企业档案安全相关法规内容多局限于档案的归档、档案装具和保管期限等环节，企业迫切需要的档案安全开发、利用及文件前端控制、电子文件长期保存等问题尚未制定相关标准，且存在与企业档案工作实际相脱节的情况，这要求企业根据自身实际情况制定适用于本企业的企业档案信息安全管理规章制度。以H企业为例，集团成立已有4年，但至今尚未建立健全其档案安全管理制度体系。企业档案数量剧增与档案安全管理制度缺失之间的矛盾尖锐，使企业档案工作者在处理文档时无章可循，业务工作缺乏规范性。企业档案信息安全管理工作无规章制度监督约束，档案信息安全缺口随之扩大。

4.3 技术风险要素

4.3.1 信息系统及硬件故障

首先，信息系统不稳定会导致档案信息数据的丢失与损坏。以H企业为例，公司日常行文均通过OA系统实现，OA系统中流转了大量企业管理信息和数据，H企业的OA

系统分别于 2015 年 8 月及 2016 年 3 月出现异常引起系统崩溃，导致部分企业信息数据丢失且无法恢复。其次，硬件设施的故障也会给档案信息安全带来风险。H 企业将重要的档案信息数字化后存储在计算机或移动硬盘中，但计算机、硬盘等设施设备故障发生率高，设备意外损坏或出现故障会导致严重的信息数据丢失、损坏。

4.3.2 电子文件安全保障技术不成熟

企业信息系统的运用使企业电子文件呈井喷式增长，如何保证企业档案系统中电子档案的安全，是企业现阶段档案安全管理的重点和难点。以 H 企业为例，公司建立以来形成了大量电子文件，电子文件内容与载体的可分离性使其容易被篡改、窃取、删除，保存或传输过程中容易被复制、截取，使企业档案信息面临数据丢失、信息失密等风险。企业电子文件信息安全保障技术不成熟会危及电子文件安全和正常运用，一旦系统遭遇病毒、黑客侵扰或信息载体物理损伤、外围设备技术障碍等都会给电子文件带来无可挽回的损失。

5 企业档案管理的必要性研究

5.1 加强企业内部管理的重要手段

档案管理是加强企业内部管理的重要手段。中马钦州产业园区作为中马投资合作的旗舰项目和中国与东盟合作的示范园区，在促进和中国—东盟自由贸易区的发展中具有十分重要的作用[23]。园区在建设过程中形成的一系列档案是园区开展各项业务管理工作的中介，园区要建立适应于市场经济发展的现代企业制度，使园区获得长足的发展，离不开对各入园企业科学高效的管理，而档案管理工作就是其中重要的一个环节，通过档案管理可对园区各企业当前所开展的业务活动有清晰的把握，为园区内部管理工作的开展与维护提供参考资料，因此档案管理对加强园区内部管理至关重要。

5.2 维护企业权益的重要工具

档案管理是维护企业利益的重要工具。档案的本质属性——原始记录性决定档案具有可靠的凭证价值，中马产业园区形成的档案是各企业管理、生产、技术以及经营等各项活动的真实记录、依据和条件，是入驻园区各大企业的科技、经济和管理等方面信息的重要组成部分，这些档案从原始的文件材料转化而来，是当时活动的真实记录，进行系统规范的档案管理能够在园区企业生产管理过程中尤其是维护园区权益过程中，及时为维护园区权益的需要提供完整全面的凭证和有力证据。

5.3 保存企业建设的历史记忆

档案管理可保存企业建设的历史记忆。企业档案是企业在经营管理活动中直接形成的有价值的各种形式的历史记录，它以文件、声音、影像和实物等形式真实地记载企业从酝酿、创立到成长、成熟的发展历程[24]。中马产业园区是中国政府与外国政府合作共建的第三个国际性园区，其在建设过程会形成大量的记录。园区从初步建立到蓬勃发展的档案，管理、保存好这些档案可将园区建设的历史过程完整记录下来，为今后其他国际性园区的建立提供参考，这对园区甚至整个社会来说都具有珍贵的历史价值。

6　企业档案信息安全风险控制对策

6.1　从管理层次进行控制

6.1.1　分级管理

分级管理即对企业档案信息以及风险控制消减等工作进行安全等级确立，投入最小的成本获得最大的档案信息安全保障效果，是保障企业档案信息安全的最优方案。企业可根据档案信息对企业生产发展作用价值大小与涉密与否划分重点档案和普通档案，企业档案中涉及企业商业机密，记录企业核心竞争力信息的这部分档案是企业发展的重要战略资源，如企业的项目档案、科技档案、客户资料以及反映企业发展历程的重大事件相关档案等可划分为重点保护档案，其余日常业务工作中形成的文书档案等可划分为普通档案，对所有档案进行安全管理的同时对重点档案信息的安全进行重点监控，对不同重要性等次级别的档案进行分级管理。

6.1.2　人员管理

通过人员管理方式控制企业档案信息安全风险的方式主要有：第一，倡导员工终身学习，针对企业档案信息安全内涵的拓展、面临风险要素的类型、应对风险的技术应用等内容定期或者不定期开展企业档案工作者档案信息安全管理培训，丰富企业员工档案信息安全保护理论知识，提高档案信息安全保护技能水平。第二，注重对企业员工尤其是档案管理岗位员工职业道德的培养，使守护企业档案信息安全，严守企业档案机密信息的岗位职责内化成为员工的职业道德。第三，注重企业文化的建设，培养员工对企业的认同感和归属感，减少因员工离职或跳槽而造成企业机密档案信息泄露。

6.1.3　动态管理

企业档案信息安全是企业生产经营安全的重要组成部分，伴随企业生存发展的始终。[7] 档案安全管理面临的各类风险要素中，每种要素本身都处于不断变化状态，某一要素的变化会引起其他要素的联动变化。因此企业档案信息应实行动态管理，即随着档案安全管理水平的提升（如电子文件管理）新的风险点将不断产生，相应的保护方案、制度也应随之保持动态发展。此外，动态管理还体现在与外界的动态关联上，企业要与外部社会环境保持良好沟通联系，主动搜集与档案信息安全保护有关的信息，及时掌握档案信息风险变化的新动态。

6.2　从制度层次进行控制

6.2.1　企业档案信息安全管理制度的建立健全

对于中马控股来说，无健全的企业档案信息安全管理制度是导致各类档案信息安全风险产生的重要原因之一，因此建立健全的企业档案信息安全管理制度是控制风险产生的重点。健全的企业档案信息安全管理制度应包括以下几个方面：一是企业档案日常安全管理制度，如档案保密制度、档案安全检查制度、档案库房管理制度及档案安全追责制度等，明确企业各部门、人员的职责，建立档案信息安全管理的长效机制；二是企业电子文件安全管理制度，确保电子档案信息存储、读取、利用等过程的安全可靠；三是应急响应制度，建立档案信息安全应急预案，提高企业档案管理部门应对自然灾害及突发事件之能力；四是应急处理制度，对企业档案信息安全风险发生后能在第一时间采取相应措施进行处理，将风险损失降至最低。

6.2.2 企业档案信息安全管理制度的适用

以企业档案信息安全管理制度的适用来实现对档案信息安全风险控制主要从以下两个方面着手：一方面，不同企业形成的档案信息各有特点，安全保障要求也各有不同，企业应根据本单位档案信息实际情况和档案信息安全保障的实际需求制定符合本企业特点和需求的档案信息安全管理制度。另一方面，企业档案信息安全风险要素具有动态性，处于不断更新状态，企业档案信息安全管理制度在保持相对稳定性基础上应与时俱进，随着新技术、新风险的出现、完善和更新，保证企业档案信息安全管理制度在不断变换的信息安全风险环境中的适用性。

6.2.3 企业档案信息安全管理制度的执行

档案工作人员只有在工作中落实企业档案信息安全管理制度方可实现从源头上控制风险因素出现。档案工作人员作为规章制度的执行者，其执行力度的大小直接关系到档案安全管理工作水平。首先，企业应严格要求档案工作者对档案照章管理，自上而下落实档案信息安全管理制度的执行，并将制度的执行纳入企业管理运行程序，切实将公司档案管理纳入制度化轨道。其次，企业管理层要监督企业档案信息安全管理制度的执行情况，将制度的执行与员工绩效考核挂钩，定期对制度的执行情况进行评估并根据评估结果进行相应的奖惩。

6.3 从技术层次进行控制

6.3.1 档案信息安全技术的应用

信息安全技术是指用来保障信息、信息系统和网络安全的技术，包括硬件安全管理、软件系统安全、存储安全、访问控制技术等。档案信息安全技术是企业档案信息尤其是电子档案信息安全的有力保障，企业可针对不同安全属性的档案信息采用不同信息安全技术，在数据安全技术、网络安全技术以及档案管理系统用户安全技术等方面强化保护措施，运用信息技术提高企业档案工作效率的同时也保证企业档案信息的安全。

6.3.2 档案信息安全技术的更新

档案信息的安全建设是基础性的长期工作，时刻不能松懈，构建全面、能力可持续增长的安全防御体系才能保证档案信息系统的长期安全稳定运行。档案信息安全技术是不断发展的，企业应该及时了解认识最新计算机病毒、网络攻击与黑客技术等对档案信息存在的潜在风险，关注网络技术、计算机技术、黑客防护技术等信息技术的更新动态，确保企业应用的档案信息安全技术与时俱进不断更新，为企业档案信息安全保驾护航。

综上，企业档案信息安全是企业生产经营安全的重要组成部分，伴随企业生存发展的始终。人员风险要素、组织风险要素与技术风险要素三者综合构成威胁企业档案信息安全的风险要素，为保障企业档案信息安全必须从管理、制度、技术三个层次三管齐下对这些风险要素进行有效控制，深入贯彻“预防为主，防治结合”的方针保障企业档案信息安全无虞，让企业档案信息更好地服务于企业的发展。

7 优化园区档案管理，提升档案信息安全

7.1 多方引进专业人才

专业人才是优化园区档案管理工作必可不少的要素，要解决企业档案管理中缺乏专业人才这一问题，引进档案专业人才是关键。一方面，中马产业园区可以采取积极的措施引进档案专业人才，完善园区档案人才队伍建设，在招聘档案专业人才时要对应聘者进行综合档案素质考察，不仅要考察其档案管理实际操作工作中的熟练、专业程度，还要考察其是否具备专业的档案基础理论知识、信息资源管理以及企业知识管理等方面的理论知识，确保为园区引入兼具档案理论与实践知识的专业人才；另一方面，中马钦州产业园区管理委员会可定期邀请档案专家，如广西区档案局、钦州市档案局、广西民族大学档案学专业教授等为园区各企业提供档案管理方面的实地指导，以间接引入档案专业人才的方式提高园区档案管理工作。

7.2 完善园区档案管理规范制度

健全的档案管理规章制度和完善的档案管理体制是企业档案管理顺利进行的重要保证[25]。制定档案管理规范制度能有效解决档案管理混乱、缺乏规范的问题。一方面，中马钦州产业园区管理委员会应该发挥园区统筹规划的领导作用，根据《中华人民共和国档案法》《中华人民共和国档案实施办法》以及中国档案行业标准《企业档案工作规范》（DA/T 42—2009）等相关法律法规制定统筹管理整个园区档案工作的规范制度，为整个园区档案管理工作的开展提供制度参考；另一方面，园区各企业应在遵循管理委员会制定的规范制度基础上，从本公司档案实际情况出发，制定相应的公司档案管理规范制度，并通过纳入绩效考核的方式使全体员工自觉遵守。

7.3 加强档案培训，提高档案意识

加强档案培训，提高档案意识是解决企业档案意识较低问题的有效途径。一方面，应该加强对企业管理者的档案培训，使企业管理者通过专业培训了解到档案对于企业发展发挥着重要的作用和价值，提高其档案意识，使其重视档案管理工作，为档案管理投入更多的人力、资金支持。另一方面，应加强基层档案工作者的档案专业培训，基层档案工作者是从事园区档案管理工作具体事务的主要人员，其专业程度及档案意识的高低最终决定档案管理情况的好坏，通过档案培训提高基层档案工作者的专业技能和业务水平，培养其专业责任感和使命感，进一步提高档案意识，为其档案管理工作的开展提供思想上的动力。

7.4 强化档案开发服务工作

一方面，中马钦州产业园园区管理委员会应该要重视对园区档案的开发工作，成立园区档案开发工作小组，充分整合园区现有的档案信息资源，挑选出其中具有代表性的对园区未来发展具有重要意义的档案进行综合开发，通过出版档案编研成果或开展档案专题展

览等方式强化档案开发工作；另一方面，园区各企业档案工作人员应重视档案的开发服务工作，树立主动服务意识，深入了解本单位管理活动以及业务发展的需要，为企业主动提供相应的档案服务，在做好日常档案管理工作的同时开展档案开发服务等深度加工工作，切实实现档案管理工作服务于企业发展。

7.5 构建园区档案综合管理中心

构建档案综合服务中心是调节企业档案管理设备落后与企业档案管理迫切需求之间矛盾的最有效方式。企业是以追求经济效益为主要目的的社会组织，其核心业务在于如何更快获取市场、占领市场先机，档案管理工作并不直接产生经济效益，在实际情况中常常被企业所忽视，未能获得足够的人力物力财力支持，因此档案不能得到科学安全有效的管理。针对上述问题中马钦州产业园可通过构建一个园区档案综合管理中心，为园区入驻企业提供档案整理、保管、数字化、档案业务咨询等业务服务，减轻园区企业档案管理工作压力的同时也可将园区企业档案采用专业、科学、高效的方式妥善安全地保管下来，实现双赢。

8 结语

企业档案是企业在从事各项市场活动中形成的原始记录，记录了企业在生产经营、管理活动、文化建设等方面的内容，是企业在市场竞争中维护自身权益、保存企业发展历史记忆的重要工具。在激烈的市场竞争中，企业常常面临各种各样的维权问题，这时候作为企业活动真实历史记录的具有凭证作用的档案就成为企业在竞争中维护自身合理权益的重要法律依据，因此，管理好企业档案，维护企业档案信息安全，防范企业档案信息安全风险，落实企业档案信息风险控制工作迫在眉睫。通过调研发现中马钦州产业园园区企业缺乏档案专业人才、档案管理不规范、档案意识较低、档案管理设备落后，这些问题严重威胁中马钦州产业园区企业档案信息安全，园区可以通过引进专业人才，制定园区档案管理规范制度，加强档案培训，提高档案意识，构建园区档案综合管理中心等方式优化园区各企业的档案管理工作，对目前存在的档案信息安全风险从文化、技术、管理、人员控制等四个方面进行有效的风险控制，将中马钦州产业园园区企业档案信息面临的安全风险降到最低。由于笔者学术水平有限，项目研究时间较短等主客观原因，本文研究成果仍然存在许多的不足，在今后研究中笔者将深入分析各方面因素，保障研究数据的真实性，进一步加强调查研究工作。

参 考 文 献

［1］ 360百科．［EB/ OL］．［2017－10－03.］https：//baike. so. com/doc/8653142－8974514. html.

［2］ Marzieh Shariati，Faezeh Bahmani，Fereidoon Shams. Enterprise information security，a review of architectures and frameworks from interoperability perspective［J］. Procedia Computer Science，2011（3）：537－543.

［3］ 康旭冉．企业档案安全保障体系建设研究［D］. 保定：河北大学，2013.

［4］ IBM enterprise records［EB/OL］.［2017－10－20］. http：//www. aiim. org/Researchand－Publica-

tions/Purchase - Guidance/Product - Guide/ERM/IBM - Enterprise - Records.
[5] Timothy Sprehe. Enterprise records management：strategies and solutions [EB/OL]. [2017 - 10 - 20]. http：//mimage. hummingbird. com/alt_content/binary/pdf/collateral/wp/rmstrategies. pdf.
[6] 余青雅．现代企业档案管理模式与创新思维 [J]. 档案天地，2005 (5)：155 - 156.
[7] 徐辉．国有改制企业档案工作存在的问题及对策 [J]. 湖北档案，2004 (12)：20 - 21.
[8] 潘荣．浅谈国有企业资产与产权变动档案处置工作问题与对策 [J]. 贵州档案，2002 (2)：18 - 19.
[9] 奚青梅，张秋芳．转型期国有产权变动企业档案工作的现状与对策 [J]. 平顶山师专学报，2001 (4)：92 - 93.
[10] 乔红星．当前国有企业档案管理工作必须实现四个转变 [J]. 西部探矿工程，2005 (S1).
[11] 王艳贞．论档案安全风险因素 [J]. 兰台世界，2013 (14).
[12] 许风．论档案安全风险因素 [J]. 黑龙江档案，2013 (3).
[13] 邢维萍．论企业档案安全风险与对策 [J]. 上海企业，2012 (7).
[14] 范园园．浅议档案风险及安全管理 [J]. 兰台世界．2009 (6).
[15] 凌晓玲．构建企业档案安全风险评估指标体系的途径 [J]. 黑龙江史志，2013 (16).
[16] 王良城．档案安全风险评估机制的建立与推行 [J]. 中国档案，2011 (2).
[17] 白艳辉，吴颖利．从风险管理视角透视档案安全风险评估机制 [J]. 华章，2013 (27).
[18] 谭艳萍．档案安全风险评估制度设计 [J]. 档案，2016 (12)：56 - 58.
[19] 梁淑华，胡永坤．档案安全风险评估指标体系的研究 [J]. 山东档案，2012 (4)：25 - 27.
[20] 方昀，刘守恒．档案馆档案安全风险评估内容分析和评估指标研究 [J]. 档案学研究，2011 (6).
[21] 项文新．档案信息安全风险评估流程 [J]. 档案学研究，2012 (1).
[22] 彭远明．我国档案安全风险评价指标的建立与实现方式研究 [J]. 档案学研究，2012 (1).
[23] 陶悦．档案安全风险及风险评估体系研究综述 [J]. 山西档案，2016 (2)：115 - 117.
[24] 王静．企业档案管理工作的现状及对策 [J]. 档案工作，2016 (3)：129 - 130.
[25] 张琳．我国企业档案管理中存在的问题及完善对策 [J]. 企业改革与管理，2016 (8)：22 - 23.